SCHLOSS ver FÜHRUNG

Majestät belieben zu leben – Geschichte und Geschichten aus Schloss Ludwigsburg

27.10.06

Impressum:

Holger Gayer, Lukas Jenkner (Texte),
Andreas Weise (Fotografien)
Schlossverführung
Majestät belieben zu leben – Geschichte
und Geschichten aus Schloss Ludwigsburg
mit Beiträgen von Ulrich Krüger

Ein Buch der Stuttgarter Zeitung

Dirk Steininger mit Michael Morawietz
und Christian Stracke (Gestaltung)

Druck Druckerei Raisch GmbH + Co. KG, Reutlingen

ISBN 3-929981-55-6

© Staatsanzeiger-Verlag, Stuttgart 2005

Staatsanzeiger für Baden-Württemberg GmbH
Breitscheidstr. 69
70176 Stuttgart
www.staatsanzeiger-verlag.de

Holger Gayer, Lukas Jenkner, Andreas Weise

SCHLOSS *ver* FÜHRUNG

Majestät belieben zu leben – Geschichte und Geschichten aus Schloss Ludwigsburg

mit Beiträgen von
Ulrich Krüger

Ein Buch der
STUTTGARTER
ZEITUNG

im
Staatsanzeiger-Verlag

Vorwort	7
Das Elend mit der Pracht Herzog Eberhard Ludwig plant einen Jagdsitz und erhält eine Residenz	8
Eine späte Rückkehr Der Brunnen im Schlosshof	11
Daheim bei Schlangen und Sphinxen Ungeheure Türklopfer, Riesen am Treppenabsatz und Weinfassgiganten im Riesenbau	12
Hofgeflüster: Der herzogliche Leibwolf Melac	17
Bühne des Lebens, lebendige Bühne Technische Wunderwerke und menschliche Schicksale im Schlosstheater	18
Hofgeflüster: Das Ludwigsburger Kanonenkonzert	29
Der Mops Ein Denkmal für die Treue	30
Flucht aus dem Paradies Wie die Württemberger in der Ahnengalerie ihre Herrschaft legitimieren wollten	32
Hofgeflüster: Das Problem mit den Kronleuchtern in der Ahnengalerie	37
Dem armen Adel verpflichtet Miete für die Bedürftigen	38
Der Schrank der Zofen Wo die Kleider waren	39
Im Beinhaus der Steine Auch Steinskulpturen kommen ans Ende ihrer Kraft	40
Macht hoch die Tür… Etikette am Eingang des Hofs	45
Ein Leben für Haus, Hof und Familie Vom Schicksal der württembergischen Königin Charlotte Mathilde, die eine Engländerin war	46
Hofgeflüster: „An ihr nicht schönes Gesicht gewöhnt man sich rasch"	57
Kulinarische Leibesübungen Die fürstliche Tafel – kein reines Vergnügen für den Herrscher	58
Die versteckten Dächer des Schlosses Das Flache als Gesetz	80
Innovation im Schloss Kleiderbügel mit Pfiff	81
Ein Mann von Größe und Gewicht Wie Herzog Friedrich II. zum ersten König Württembergs wurde	82
Hofgeflüster: Das königliche Missgeschick	99
Die Launen des Carlo Eugenio Italien, Karneval, Frauen: Herzog Carl Eugen ist ein Mann mit vielen Interessen	100
Hofgeflüster: Die Schlittenfahrt auf Salz	109
Mit der Leibgarde auf Spaziergang Eberhard Ludwig als Soldat	110
Ein Katalog für die Herzöge Herrliche Muster	111
O Hubertus oder Des Herzogs Orden Zeugen fürstlicher Allmacht in Ordenssaal, Ordenskapelle und Jagdpavillon	112
Frivol oder nur praktisch? Die hohen Türklinken	119
Herzogliche Herzenssachen Das Alte Corps de logis, Keimzelle des Schlosses, Schauplatz dramatischer Geschichten	120
Hofgeflüster: Schüsse auf den weißen Hirschen	129
Niedliche Rundungen Ein sagenhafter Baron	130
Die Pracht des Friedens Die Westliche Galerie	131
Das Spiel der Hermelinflöhe Tragische Geschichten rund um den Spielpavillon und die Wohnung des Erbprinzen	132
Hofgeflüster: Zwölf Uhr mittags mit Familie Jelzin	135
Die Legende der Emichsburg Die Wurzel der Württemberger	136
Transportable Klänge Die Feldorgel des Herzogs	137
„Ach Gott, nun ist er auch dahin" Mehr oder weniger Frommes in der Schlosskirche	138
Hofgeflüster: „Und erlöse uns von dem Übel"	143
Das Kreuz im Barte des Todes Über das Ende allen Seins – die Gruft derer von Württemberg	144
Hofgeflüster: Eine Urne voller Liebesbeweise	151
Anhang: Wer in der Ludwigsburger Gruft liegt	154
Anhang: Fürsten in der Ahnengalerie	156
Das Team	158
Dank	160

Vorwort

Liebe Leserinnen, liebe Leser,

nichts ist so alt wie die Zeitung von gestern, lautet ein geflügeltes Wort. Das stimmt, halbwegs. Journalisten fühlen sich deshalb vor allem der Tagesaktualität verpflichtet. Und so war es von vornherein ein außergewöhnliches Projekt, das die Ludwigsburger Redaktion der Stuttgarter Zeitung im März 2004 gestartet hat: eine Serie, die den Blick zurück wagt, die optisch und inhaltlich aus dem üblichen Rahmen fällt und nicht zuletzt durch ihre Kontinuität beeindruckt. Bis Silvester ist an jedem Werktag ein Serienteil erschienen. 239 Folgen sind so zusammengekommen, 239 Geschichten über ein geschichtliches Monument und dessen Bewohner.

Der Gegenstand der Zeitungsserie ist das barocke Residenzschloss von Ludwigsburg gewesen, das 2004 exakt 300 Jahre bestanden hat. Jeden Tag haben die Redakteure Holger Gayer und Lukas Jenkner sowie der Fotograf Andreas Weise ihre Leser mitgenommen auf eine Reise in die Vergangenheit. Fachlich begleitet wurden sie vom Leiter der Ludwigsburger Schlossverwaltung, Ulrich Krüger, der nicht nur im Schloss arbeitet, sondern auch dort lebt – und das seit mehr als fünfzig Jahren.

Selten einmal hat es so viel positive Resonanz auf ein Thema gegeben, und viele Leser haben uns aufgefordert, die Serie auch als Buch erscheinen zu lassen. Diesen Wunsch erfüllen wir nun. Dabei soll der vorliegende Bild- und Textband keine wissenschaftliche Abhandlung sein über das Schloss, keine architektonische Betrachtung und auch keine Herrschergeschichte. Vielmehr handelt es sich um einen journalistischen Streifzug durch die Jahrhunderte und die Räume des prächtigen Baus. Dabei haben sich die Autoren nicht nur an den Daten der großen Geschichte orientiert. Sie erzählen auch die kleinen Begebenheiten, die Anekdoten und Histörchen, um einen neuen Blick auf das Ludwigsburger Wahrzeichen zu eröffnen. Wer mag, kann sich das Buch zu Hause auf dem Sofa zu Gemüte führen, es aber auch bei einem Rundgang durchs Schloss nutzen – denn nach eben diesem Prinzip sind die einzelnen Kapitel geordnet.

Mein Dank gilt all jenen, die zum Zustandekommen der Serie und des Buches beigetragen haben. Allen voran den Autoren Holger Gayer, Lukas Jenkner und Ulrich Krüger, dem Fotografen Andreas Weise und dem Art Director der Stuttgarter Zeitung, Dirk Steininger, der das Buch mit seinem Team gestaltet hat. Ein Dank geht auch an Dr. Frank Thomas Lang und sein Team vom Staatsanzeiger-Verlag, mit dem wir dieses Projekt realisiert haben. Der Dank gilt umso mehr, als die Arbeit oft nach dem üblichen Alltagsgeschäft zu erledigen war und manche Nachtstunde gekostet hat.

Nichts ist so alt wie die Zeitung von gestern? Diese zum Buch gewordene „Schlossverführung" bietet auf 160 Seiten Unterhaltendes und Nachdenkliches, Geschichte und Geschichten aus einem Bauwerk, das den Tag ebenso überdauern wird wie hoffentlich dieses einzigartige Buch, das es nun beschreibt.

Herzlichst

Peter Christ, Chefredakteur
der Stuttgarter Zeitung

Das Elend mit der Pracht

Herzog Eberhard Ludwig plant einen Jagdsitz und erhält eine Residenz

Als Eberhard Ludwig 1693 Herzog von Württemberg wird, zeigt er an den Regierungsgeschäften wenig Interesse. Er widmet sich lieber der Jagd. Oberflächlich und beeinflussbar soll er sein, berichten Zeitzeugen. Wen wundert's? Schließlich ist Eberhard Ludwig erst 16 Jahre alt, als er von Kaiser Leopold I. vorzeitig mündig gesprochen wird. Und welcher Bub mag sich schon mit Steuern, Dekreten und Anfragen befassen?

Der junge Herzog hat sich also kaum um die Herrschaft gerissen. An seiner Statt tat das seine Mutter Magdalena Sibylla, die sich seit dem Tod ihres Gatten und Eberhard Ludwigs Vater, Herzog Wilhelm Ludwig, im Jahr 1677 im Dauerstreit befand mit dem vom Hof bestimmten Vormund des Herzogssohns, Friedrich Carl von Württemberg-Winnental. Der junge Fürst als Ball im ränkevollen Spiel älterer Generationen – ohne Einfluss auf seinen Charakter kann dies nicht geblieben sein.

Eberhard Ludwig jagt – Tiere und Frauen. 1697 heiratet er Johanna Elisabeth von Baden-Durlach. Er jagt weiter und reist durch Europa. Seine Kavalierstour führt ihn nach Holland, Frankreich und England. Dort lernt er prunkvolle Höfe und den Glanz der absolutistischen Herrschaft kennen – und muss dann ins vergleichsweise kümmerliche Stuttgarter Schloss zurückkehren. Vielleicht stapft er da schon missmutig durch die Gänge und die

Das Alte Corps de logis, von Norden her gesehen.

niedrigen Räume, starrt grollend aus den schmalen Fenstern. Und vielleicht fällt dort die Entscheidung, dass die alten Mauern kaum den richtigen Rahmen bieten für sein inzwischen erwachtes Macht- und Sendungsbewusstsein. Ein neues Schloss muss her – größer, heller, herrschaftlicher.

Ende 1703 beauftragt der Herzog den heimischen Architekten Philipp Joseph Jenisch, auf dem Fundament des wenige Jahre zuvor von den Franzosen niedergebrannten Erlachhofs ein Jagdschloss zu errichten. Am 7. Mai 1704 wird der Grundstein gelegt, der heute nicht mehr auffindbar ist, genauso wenig wie die Gründungsurkunde, die in den württembergischen Archiven verschollen blieb. Erste Gebäudeteile entstehen, doch schon bald wachsen die Visionen des Herzogs über die Pläne und wohl auch über die fachlichen Fähigkeiten des Architekten hinaus. Jenisch wird entlassen. Statt seiner wird 1707 der in Österreich geschulte Baumeister Johann Friedrich Nette mit der Aufgabe betraut, die „Ludwigsburg" in ein zeitgemäßes Schloss umzubauen. Es wird eine Lebensaufgabe – sowohl für den Herzog als auch für den Baumeister. Bis 1714 entsteht eine hufeisenförmige Anlage. Ein Handwerkerviertel wächst in Nachbarschaft des Neubaus heran. Maurer, Zimmerleute, Schmiede und Maler siedeln sich an, die der Herzog mit Steuererleichterungen und der Befreiung von Abgaben lockt.

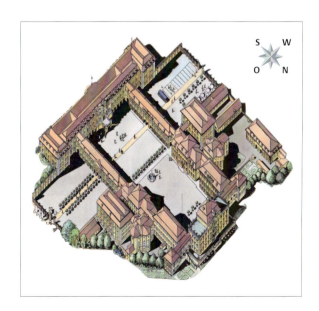

Währenddessen entwirft Nette eine Stadt am Reißbrett. Ludwigsburg ist nicht mehr nur ein Schloss, sondern auch eine Stadt.

1714 stirbt der Baumeister; sein Nachfolger wird der Stuckateur Donato Guiseppe Frisoni – allerdings erst nach einem langwierigen Gezerre zwischen konkurrierenden Regierungsbeamten, Baumeistern und dem Herzog. Unter Frisonis Leitung entstehen nach 1715 die Hofkirche und gegenüber ihr symmetrisches Pendant, der Rittersaal, die heutige Ordenskapelle. Zu dieser Zeit verlagert sich der Hof von Stuttgart nach Ludwigsburg. Eberhard Ludwig wohnt in der Beletage des Hauptbaus, im Erdgeschoss darunter residiert die Gräfin von Grävenitz, die langjährige Maitresse des Herzogs. Von seiner Gemahlin Johanna Elisabeth lebt der Herzog getrennt. Sie muss dem Treiben im entstehenden Ludwigsburg aus der Ferne des Stuttgarter Schlosses zusehen.

1718 wird die Residenz auch offiziell nach Ludwigsburg verlegt. Zwei Jahre später fällt der Entschluss, das Schloss grundlegend umzugestalten. Das Schloss muss erweitert werden, schließlich ist dort der gesamte Hofstaat unterzubringen. Die Verhältnisse sind – zumindest aus fürstlicher Sicht – beengt. Ein neuer Hauptbau, als Querriegel im Süden des dreiflügeligen Schlosses, soll dies ändern. Er entsteht bis 1733 und wird über zwei Galerien mit der Anlage verbunden.

Die Krönung seiner absolutistischen Prachtentfaltung erlebt Eberhard Ludwig selbst nicht mehr. Die Handwerker und Künstler sind gerade dabei, das Innere des Neuen Corps de logis auszugestalten, als der Herzog 1733 mit 57 Jahren stirbt.

Wie ist nun das Wirken des Herzogs zu bewerten? Ohne ihn gäbe es Ludwigsburg nicht. Deswegen müssen die Bürger ihrem Herrscher wohl dankbar sein. Allerdings ist die Residenz gegen den erklärten Willen der in Württemberg in den Landständen organisierten Städte und ihrer Bürger und gegen den Willen der Prälaten entstanden – und das aus gutem Grund. Der Bau hat horrende Summen verschlungen, und das Geld regnete ja nicht vom Himmel, sondern musste vom Staat, der unter der Last ächzte, aufgebracht werden. Wer dennoch vor dem Willen eines Herzogs in Ehrfurcht verharrt, der eine ganze Stadt aus dem Nichts hat entstehen lassen und sein Herzogtum im Alleingang ins absolutistische Zeitalter führte, darf eines nicht vergessen: Die Steine bezahlt und geschleppt haben andere.

So sieht er aus, der Schlossgründer. Herzog Eberhard Ludwig (1676 – 1733), wie ihn das Portrait in der Ludwigsburger Ahnengalerie zeigt.

Eine späte Rückkehr

Wir schreiben den 7. Oktober 1921. Über Ludwigsburg strahlt die Herbstsonne. Der Anlass, der die Menschen an diesem Tag in der Stadt zusammenführt, ist aber aus der Sicht der Freunde des Hauses Württemberg eher traurig. Der wenige Tage zuvor in Bebenhausen verstorbene Wilhelm II., der letzte König von Württemberg, soll auf dem Alten Friedhof in Ludwigsburg seine letzte Ruhestätte finden. 1918 hat er, erzwungenermaßen, abgedankt; seine Residenzstadt Stuttgart hat er seither nicht wieder betreten.

Der Brunnen im Schlosshof

Zu Besuch in Ludwigsburg ist an diesem Tag und zu diesem Anlass auch die 1848 geborene Kinder- und Jugendbuchautorin Tony Schumacher. Viele Jahre ihres Lebens hat sie in Ludwigsburg verbracht, jetzt lebt die 73-Jährige in Stuttgart. Vielleicht fällt ihr Blick an diesem Tag auch auf den alten Schlossbrunnen im mittleren Schlosshof, den der frisch zum König erhobene Friedrich I. von Württemberg aus diesem Anlass 1806 errichten ließ. Vielleicht erinnert sie sich auch daran, wie sie als Kind fest davon überzeugt war, dass der Storch die kleinen Kinder aus dem Schlossbrunnen fischte, um sie zu den Eltern zu bringen. Lange Zeit soll sie nicht verstanden haben, warum es ihr nie gelungen war, dieses freudige Ereignis mitzuerleben.

Am Tag von Wilhelms Begräbnis lächelt sie wohl milde über diese kindliche Einfalt. Oder sie schaut heimlich in den Schlossbrunnen, um zu sehen, ob nicht doch ein kleines Kind dort vergessen worden ist. Denn woher auch immer der Storch die Kinder holte, zu ihr hat er nie eines gebracht.

Barockes Vorbild für moderne Kunst: der Türklopfer am Hauptportal des Riesenbaus inspirierte den Künstler Auke de Vries zur Schlangenskulptur auf der Ludwigsburger Sternkreuzung.

Daheim bei Schlangen und Sphinxen

Ungeheure Türklopfer, Riesen am Treppenabsatz und Weinfassgiganten im Riesenbau

Das Geheimnis war gut gehütet. Was, so fragten sich manche Ludwigsburger, mag dieser Kerl sich wohl dabei gedacht haben, als er der Stadt am 28. Mai 1992 ein neues Wahrzeichen beschert hat. Ausgerechnet eine Schlange, zwölf Meter lang und 21 Meter hoch, die seither über die Autos und Menschen wacht, die sich täglich auf der Sternkreuzung begegnen. Eine Schlange! Nicht unbedingt ein Symbol, das Hoffnung macht. Die Sünde, o Herr, hat Einzug gehalten in die Stadt, und Auke de Vries, der Künstler, ist der Teufel, der sie erschaffen hat?

Nun muss man nicht unbedingt ganz so tief in der Truhe wühlen, welche den Schatz der Symbolbilder verwahrt. Und manchmal klären sich die Dinge auf ganz banale oder emotionale, jedenfalls rational nicht zwangsläufig nachvollziehbare Weise.

Passiert ist also Folgendes: Herr de Vries ist spazieren gegangen, und weil auch der Bildhauer aus den Niederlanden auf seinem Weg durch Ludwigsburg am Schloss vorbeigekommen ist, hat er sich umgeschaut im Prachtbau, den Herzog Eberhard Ludwig vor gut dreihundert Jahren erbauen ließ. Aufgefallen ist ihm dabei ein besonderer Knauf, der als Türklopfer dient, sich am Hauptportal zum Riesenbau befindet und die Form einer, ja, Sie haben's erraten, Schlange hat.

Acht Monate lang hatte de Vries danach an der widerspenstigen, mehr als 180 Kilogramm schweren Skulptur aus Stahl und Kunststoff gearbeitet. Auf einem Tieflader wurde sie schließlich von seiner Werkstatt in den Niederlanden nach Ludwigsburg transportiert. Den Auftrag für das Mammutwerk hatte der Künstler von der Kulturregion Stuttgart erhalten. Zu dieser hatten sich Ende der 1980er-Jahre 18 Kulturämter der Region Stuttgart zusammengeschlossen, nachdem die Landeshauptstadt ihre Bewerbung für die Olympischen Spiele zurückgezogen hatte. Für das erste Großprojekt der Kulturregion namens „Platzverführungen" sollte de Vries in Ludwigsburg die Trennung zwischen dem Schloss und der Innenstadt durch die stark befahrene B 27 aufheben.

Eigentlich sollte das Kunstwerk nur ein Jahr auf der Kreuzung stehen. Die Stadt fürchtete Verkehrsbehinderungen; immerhin hatte man für die „Platzverführung" eine Abbiegespur in die Wilhelmstraße sperren lassen. Doch die Probleme blieben aus, die Skulptur, inzwischen eine Dauerleihgabe der baden-württembergischen Landesbank, durfte bleiben und ist ein Orientierungs- und Identifikationspunkt der Stadt geworden.

Das Reich der Riesen

Wer nun aber die Originalschlange in Händen hält und die Pforte zum so genannten Riesenbau des Ludwigsburger Schlosses öffnet, den heißen sogleich etliche exotische Figuren willkommen, die auch versinnbildlichen, warum der Riesenbau diesen Namen trägt. Allesamt riesig sind sie, die Sphinxen und Atlanten, die hier stehen. Gerne schmückten sich die europäischen Fürsten zur Zeit des württembergischen Herzogs Eberhard Ludwig mit solchen riesenhaften Gestalten, um ihre Bedeutung, ihre Einzigartigkeit und ihren Sinn für Mode und Moderne zu demonstrieren. Exotisch anmutende Kunst war der letzte Schrei in jenen Tagen, und so ist dieses Treppenhaus im Eingangsbereich des Riesenbaus auch bedeutend mehr als nur ein Eingang oder eine zweckmäßige Verbindung zwischen unten und oben.

Die Bedeutung der Menschen im Schloss wird dagegen eher in Zentimetern gemessen. Im Treppenhaus des Riesenbaus ist jedenfalls gut zu sehen, für wen die Stufen gemacht sind. Nicht das Gesinde trampelt aufwärts, sondern die Fürsten und ihre Höflinge sind es, die diese Treppen empor schreiten. Zu erkennen ist das an der Höhe der Stufen, für welche eine einfache Regel gilt: Je niedriger die Stufe, desto höher der Rang dessen, der sie beschreitet. Die Dienerschaft hat schon mal bis zu dreißig Zenti-meter pro Trippel zu erklimmen, während der König auf seinem Weg zum Thron nur wenige bequeme Höhenzentimeter pro Stufe zurücklegen muss.

Das Leben in der Unterwelt

Wer aber den wahren Geist des Schlosses treffen möchte, sollte sich im Riesenbau eher treppabwärts bewegen – in die Unterwelt. Vielleicht ist das, was hier unten geschah, nicht ganz so spannend wie das, was sich in den Katakomben der Pariser Oper zugetragen hat, wo ja das Musical-Phantom umgegangen sein soll. Hier im Keller sollen mitunter auch die württembergischen Herzöge umgegangen sein: Sie sollen ganz gerne hier gewesen sein, um sich den einen oder anderen Schluck zu genehmigen.

So ist es ist kein Geheimnis, dass der Schlossgründer Eberhard Ludwig ein Mann des Genusses war, der vielerlei weltlichen Leckereien offen stand und dies auch gerne vor seinen Gästen oder Untertanen zur Schau stellte. Eine perfekte Symbiose aus beidem – dem Genuss und der Angeberei – befindet sich im Keller des Riesenbaus. Zahlreiche Fässer lagern dort, um den Wein des Fürsten aufzubewahren. Das auffallendste unter diesen Fässern ist ohne Zweifel jenes mit der schlichten Nummer 30.

Stolze 300 württembergische Eimer fasste dieses Wunderwerk der Küferei. Auf heutige Verhältnisse umgerechnet sind das sagenhafte 90 000 Liter. Zwischen 1719 und 1721 bauten der Werks-

Aug' in Aug' mit dem Giganten: auf der Treppe des Riesenbaus.

meister Widmann und der aus Oßweil stammende Hofküfer Ackermann dieses größte Fass Württembergs, für das sie das Holz von 21 Eichen verbrauchten. Verziert wurde das Fass schließlich im Jahre 1721 vom Bildhauer Caspar Seefried.

Doch nicht nur die Dimension dieses Wein- und damit Freudenspenders dürfte Eberhard Ludwigs Gäste beeindruckt haben. Auch in seinem Inneren besticht das Fass durch eine gewisse Raffinesse; es ist in zwei Kammern aufgeteilt, wobei sich in der einen Weiß- und in der anderen Rotwein befand. Regeln konnte man die Zufuhr des edlen Tranks durch die Stellung des Hahns, der zur einen Seite gedreht den Weißen und zur anderen Seite

Feuchtes Klima herrscht im Keller des Riesenbaus nicht nur in den Fässern. Ein Pilz in der unebenen Wand speichert Wasser und stabilisiert die Luftfeuchtigkeit.

gedreht den Roten preisgab. Am liebsten, so heißt es, habe Eberhard Ludwig dem Burgunder zugesprochen. Um im Glas des Fürsten das rechte Aroma zu verbreiten, musste der Wein bei einer einigermaßen konstanten Temperatur gelagert werden, die zwischen acht und zwölf Grad betrug. Außerdem musste auf das Klima geachtet werden, das feucht, aber nicht zu feucht sein durfte. Geregelt wurde das unter anderem durch feine Abdrücke, die man im Wandputz angebracht hat. In den Kuhlen, die sich so bildeten, konnten sich Pilze ansiedeln, die Feuchtigkeit aufnahmen und bei Trockenheit wieder abgaben. In manchen Zeiten der Geschichte wurden die Katakomben zweckentfremdet. So wurden in einem der Ludwigsburger Schlosskeller zum Ende des Zweiten Weltkriegs Zündkerzen und andere so genannte kriegswichtige Güter hergestellt.

Der herzogliche Leibwolf Melac

Herzog Eberhard Ludwig von Württemberg war nicht nur ein passionierter Jäger, sondern auch ein hervorragender Reiter. Perfekt kombinieren ließen sich beide Leidenschaften in der Parforcejagd, bei welcher auch den Hunden eine besondere Bedeutung zukam. Sie mussten das Wild aufspüren und danach so sehr durchs Unterholz hetzen, dass die höfischen Jäger den finalen Schuss auf ein vor Erschöpfung stehen gebliebenes Tier ansetzen konnten, ohne dabei befürchten zu müssen, wegen andauernder Fehlschüsse der Lächerlichkeit preisgegeben zu sein.

Einer dieser Jagdhunde hörte auf den Namen Melac und wurde zum ständigen Begleiter des Herzogs. Ob im Schloss, bei Ausritten oder im Krieg, Melac wich nicht von seiner Seite. Selbst des Nachts schlief das Tier neben seinem Bett auf einer prächtigen Tigerdecke. Im offiziellen Inventarverzeichnis des Schlosses von 1721 ist in der Beschreibung des fürstlichen Schlafzimmers freilich nicht die Rede von einem Hund. Vielmehr heißt es dort, dass es einen „Schlafplatz für den Wolf" gegeben habe.

Bis heute ist nicht geklärt, ob die pechschwarze Dame wirklich eine Wölfin war oder vielleicht doch eher eine schwarze Schäferhündin. Gewiss ist hingegen, dass man das Tier im ganzen Land kannte. Zu Melacs Privilegien gehörte es nämlich, dass sie sich frei im Schloss bewegen durfte, was mitunter zu manch schwierigen und schmerzhaften Situationen führte. So biss sie einmal dem bedauernswerten Oberhofmarschall von Forstner, einem Jugendfreund des Herzogs, ein Stück Fleisch aus der Wange. Auch allerlei Schäden an Tischen, Schränken und sonstigem Schlossinventar zeugen von ihrem kräftigen Biss.

Doch Melac zeichnete sich auch als Lebensretterin aus. Heldenhaft sprang sie während einer Fahrt des Herzogs über den Neckar bei Benningen ins Wasser, als ein Kind zu ertrinken drohte. An den Haaren packte Melac das Kind und errettete es aus den Fluten.

Ihren Namen erhielt Melac übrigens nach dem gefürchteten französischen Mordbrenner Melac. General Ezéchiel Graf von Mélac führte Teile der französischen Truppen im Pfälzischen Erbfolgekrieg. Er fiel brandschatzend über große Teile Württembergs her. Viele Städte und Gemeinden – Marbach, Winnenden, Beilstein, Vaihingen/Enz, Backnang und Esslingen – wurden bei diesen Überfällen stark in Mitleidenschaft gezogen und teilweise zerstört.

HOFGEFLÜSTER
Von Ulrich Krüger

Das wird er wohl gewesen sein, der herzogliche Leibwolf – portraitiert in einem Fresko im Riesenbau.

Bühne des Lebens, lebendige Bühne

Technische Wunderwerke und menschliche Schicksale im Schlosstheater

Ist es erlaubt, vor dem wirklichen Eintritt in dieses Kapitel einen kleinen Ausflug zu wagen, um einen Mann zu Wort kommen zu lassen, dem schon zu Lebzeiten ein großer Ruf vorausgeeilt ist? Es handelt sich um Giacomo Casanova. „Der württembergische Hof", sprach also jener Casanova, „ist nach dem französischen der prunkvollste in ganz Europa."

Der Mann wusste, wovon er sprach. Besonders beeindruckt war Casanova von Herzog Carl Eugen, mit dem der gebürtige Venezianer mindestens zwei Leidenschaften teilte: die für Frauen und die für Italien. Ließ sich beides miteinander verbinden, war das Leben perfekt – und so verwundert es wohl niemanden, dass Carl Eugen sich gerne als Liebhaber der schönen Künste gerierte und sich genüsslich Baumeister, Sängerinnen und Schauspielerinnen aus dem ihm geistig vermeintlich so nahe stehenden und tatsächlich doch so fernen Land hielt. 1753 brachte er von einer Reise den Komponisten und Dirigenten Niccolò Jommelli mit, der fortan 16 Jahre lang die württembergische Oper von Erfolg zu Erfolg führen sollte. Ja, sogar ein eigenes Opernhaus ließ der Herzog errichten – östlich des Schlosses stand es, und alle anderen europäischen Häuser in den Schatten stellen sollte es.

So wuchs mitten im Winter der Jahre 1764 und 1765 ein Holzbau daher – für Steinmauern hatte die Zeit nicht gereicht – , der 3 000 Zuschauer fasste. „Im Schwarzwald", schreibt die Literaturwissenschaftlerin Andrea Hahn, „dürfte zu dieser Zeit kaum ein Baum für etwas anderes als das ferne Opernhaus geschlagen worden sein, die Sägmühlen liefen auf Hochtouren, Fuhrleute und Flößer mühten sich durch das Winterwetter. Hunderte von Bauhandwerkern sollten von den Ämtern nach der Residenzstadt geschickt werden, manche mussten angesichts des Hungerlohns durch Soldaten angetrieben werden."

Drei Tage vor dem 37. Geburtstag des Herzogs am 11. Februar 1765 wurde die erste Oper aufgeführt, am Wiegenfeste selbst wurde Jommellis „Demofoonte" gegeben; der Abend soll mit 14 121 Gulden zu Buche geschlagen haben. Aus Sicht des Herzogs hatte sich der Aufwand gleichwohl gelohnt; so sehr beeindruckt waren seine Gäste, dass selbst Johann Wolfgang von Goethe noch viele Jahre später von Carl Eugens Opernhaus berichtete. „Ein merkwürdiges Gebäude" sei das, schrieb Goethe: „Aus Holz und leichten Brettern zusammengeschlagen zeugt es von dem Geist des Erbauers, der viele Gäste würdig und bequem unterhalten wollte."

Tatsächlich konnte der Herzog halbe Regimenter zu Pferde auf der Bühne defilieren lassen, was auch den 1786 in Ludwigsburg geborenen

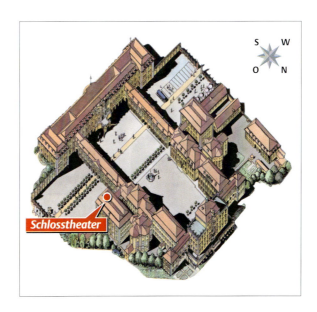

Dichter und Pfarrer Justinus Kerner zu einem bewundernden Rückblick auf das zu seiner Zeit längst verlassene Bauwerk veranlasste: „Es war in seinem Innern völlig mit Spiegelgläsern ausgekleidet, alle Wände, alle Logen mit ihren Säulen waren voll von Spiegelgläsern. Man kann sich den Effekt eines solchen Hauses im Glanze der vielen hundert Lichter wohl kaum denken."

Es war freilich ein kurzer Glanz. Bereits 1775 wurde das Haus stillgelegt und bald danach abgerissen; heute befindet sich dort der Schüssele-See des Blühenden Barock.

Sitzen nach Rang und Ordnung

Geblieben aber ist das Schlosstheater, das Carl Eugen bereits in den Jahren 1758 und 1759 vollenden ließ. Auf einem Lyra-förmigen Grundriss entstand ein Logen-Rang-Theater, das dem Hof vorbehalten war. Erhalten sind aus dieser Zeit die Grundform des Zuschauerraums, weite Teile der Bühnenmaschinerie – was höchst selten ist – und der von Innocente Colomba unter dem Titel „Apoll und die Musen" gestaltete Bühnenvorhang.

Grundlegend umgestaltet wurde der Zuschauerraum des Theaters im Jahre 1812 unter König Friedrich. Dabei standen die Architekten allerdings vor einem Problem. Eigentlich war zu dieser Zeit die Form des Amphitheaters mit seinen nach oben allmählich zurückweichenden Rängen modern. Dies ließ sich aber in Ludwigsburg sowohl aus Kosten- als auch aus Platzgründen nicht verwirklichen. Also improvisierten die Baumeister und verbreiterten im Saal den ersten Rang nach innen. Der zweite Rang bekam eine breitere Brüstung, sodass er sich zumindest optisch vom dritten Rang abhob. Mit einiger Fantasie ließ sich so die Grundform eines Amphitheaters erkennen.

Die Stühle, die heute im ersten Rang des Schlosstheaters und auch in der Königsloge stehen, entsprechen ihrem historischen Vorbild der Fried-

Das Schlosstheater   21

Verschiedene Plätze für verschiedene Hofränge: die kleine Königsloge (links); die heutige Bestuhlung in der großen Königsloge (oben); einfache Bänke im dritten Rang (unten).

richszeit. Sowohl die Form als auch die Gestaltung der Sitzgelegenheiten waren wichtig, gaben sie doch die Rangordnung der vornehmen Gäste wieder. Ein Herzog bekam einen anderen Stuhl als ein Graf, deshalb mussten vor jeder Vorstellung die Ränge neu bestuhlt werden. Mit schnöden Bänken, wie sie wahrscheinlich schon zu Carl Eugens Zeiten (und in der heute restaurierten Fassung des Theaters) das Parkett füllten, durfte man den höchsten Herrschaften nicht unter den Allerwertesten kommen.

Dennoch gab es diese einfachen Holzbänke, sogar ohne Lehne; sie waren den niederen Hofchargen im dritten Rang vorbehalten. Der Genuss einer mehrstündigen Aufführung, die überdies vielleicht noch eine der unzähligen Wiederholungen sein konnte, zu denen sich das Ensemble aufgrund der fanatischen Theaterleidenschaft Carl Eugens mitunter gezwungen sah, konnte da sehr zweifelhaft sein. Mehrmals in der Woche wollte der Herzog unterhalten sein, und wenn man bedenkt, wie oft

Praktische Vase: darunter verbirgt sich die Heizung für die Loge der Herrscher.

ein heutiger Musikfreund sein Lieblings-Album genießt, liegen die Gewohnheiten gar nicht so weit auseinander.

Bequemer hatten es die Herzöge nicht nur wegen der Stühle. Die Privatloge der württembergischen Herrscher im ersten Rang war einer der beiden Orte, an denen das Theater geheizt werden konnte. Dass heute an dieser Stelle eine bauchige Vase steht, ist kein Zufall: Auch früher befand sich dort eine Vase, die über ein Rohr mit dem Erdgeschoss verbunden war. Dort unten unterhielten die Schlossbediensteten ein Feuer, die aufsteigende Hitze sorgte in der Loge für angenehme Wärme. Der andere Ort im Theater, an dem noch geheizt wurde, war übrigens die offizielle Herzogs- und Königsloge, in welcher der Herrscher gemeinsam mit seinen hochadligen Gästen dem Spiel auf der Bühne folgte.

Und es werde Licht...

Unweigerlich fällt der Blick des Besuchers, tritt er ins Schlosstheater, auf den hell strahlenden Leuchter, sofern er eingeschaltet ist. Heutzutage gibt er sein Licht durch unzählige Glühbirnen ab – und zwar vor, nach, aber natürlich nicht während der Aufführungen. Zu Zeiten des Herzogs Carl Eugen war das anders. Da strahlte der Leuchter die ganze Zeit, was den Gepflogenheiten des barocken Theaters entsprach – man wollte während der Aufführung nicht nur die Schauspieler, sondern vor allem auch den Souverän sehen – und einen technischen Grund hatte. Schließlich gaben damals Kerzen das Licht. Diese mehrmals am Abend anzuzünden und wieder zu löschen, war zu aufwendig und hätte die ohnehin meist langen Aufführungen noch mehr gestreckt.

Illuminiert wurde der Leuchter, indem ihn die Bediensteten durch das große Loch in der Decke des Theaters nach oben zogen und wieder senkten, wenn alle Kerzen angezündet waren. Ob der Leuchter während der Aufführungen im Blickfeld der Zuschauer hing, spielte keine große Rolle – nicht

Das Schlosstheater

einmal dann, wenn der Blick auf die Bühne von den oberen Rängen aus versperrt war.

Natürlich reichte dieser eine Leuchter nicht aus, um den großen Saal und zugleich die Bühne des Schlosstheaters angemessen auszuleuchten. Damit es einigermaßen hell wurde, musste schon eine ganze Batterie von Ölfunzeln aufgeboten werden. Nicht nur rechts und links der Bühne gaben sie Licht, sondern auch unterhalb der Bühne, wo die Techniker dafür zuständig waren, dass zur rechten Zeit die Kulissen wechselten.

In den Eingeweiden des Theaters

Zu beneiden waren die Bediensteten sicher nicht, die unterhalb der Bühne des Schlosstheaters für einen reibungslosen Ablauf der Aufführungen zu sorgen hatten. An vielen Stellen konnten sie nur gebückt gehen, und die ohnehin niedrige Decke barg mit ihren vielen Querbalken noch zusätzliche Gefahren für die Kulissenschieber. Wer freilich zu sehr darauf achtete, nicht mit dem Kopf anzustoßen, stolperte schnell über eines der Seile, die über den Boden gespannt waren.

Nur zu verständlich ist, dass die Unterbühne auch mit dem wenig liebevollen Namen „Hölle" belegt war. Wenn nämlich auf der Bühne ein Schauspieler während einer Aufführung seiner Rolle gemäß dazu verdammt war, zur Hölle zu fahren, verschwand er im Bühnenboden und landete – natürlich in der Unterbühne. Um dies umzusetzen, gab es im Bühnenboden an verschiedenen Stellen Öffnungen, die „Versenkung" hießen. Der Schauspieler stellte sich auf eine dieser Holzflächen, welche die Bühnentechniker an einem Seilzug herablassen konnten.

Die Wahrheit hinter der Geisterhand: der große Wellbaum unter der barocken Bühne ist die Achse, über die bis heute alle Kulissenteile vor und zurück bewegt werden.

Zu besichtigen ist dieser Mechanismus heute am Modell des Schlosstheaters, das im Theatermuseum steht. Das kleine Theater ist entstanden, als die Restauratoren des großen Hauses versuchten, die alte Bühnentechnik zu verstehen und wieder herzustellen. Jetzt können die Besucher des Theatermuseums an diesem detailgetreuen und voll funktionsfähigen Modell die Bühnentechnik des Schlosstheaters nachvollziehen. Das Versenken war übrigens ein mühsames Geschäft, weil schon die Holzkonstruktion einiges wog und dazu noch das Gewicht des Schauspielers kam. Da brauchte es schon drei gestandene Männer, um eine 60 Kilogramm schwere Person zur Hölle fahren zu lassen. Die Bediensteten hatten aber noch manch andere Schwerstarbeit zu leisten. Die Bühnenbilder, die während einer barocken Theateraufführung in der Regel mehrere Male wechselten, waren unterhalb des Bühnenbodens auf Schienen angebracht. Damit sie leichter hin- und hergezogen werden konnten, saßen sie außerdem auf kleinen Holzrollen. Sechs Kulissenpaare gab und gibt es heute noch im Schlosstheater auf jeder Seite, insgesamt also 24 einzelne Elemente. Sie alle sind über Seile mit einem zentralen Wellbaum in der Unterbühne verbunden. Drehen die Bühnentechniker an diesem Wellbaum, wandert der eine Teil eines Kulissenpaares von der Bühne, während sein Gegenpart hereinschwebt. Die Seile müssen vor jeder Aufführung neu vermessen werden, weil sich die Längen durch die Temperatur und die schwankende Luftfeuchtigkeit ändern.

Barocke Bühneneffekte

Ausgesprochen einfallsreich waren die barocken Theatermacher nicht nur, was die Kulissenführung anging, sondern auch bei den Bühneneffekten. Gedonnert wurde zum Beispiel mit einem so genannten Donnerschacht. Holzkugeln wurden oberhalb der Bühne in einen Schacht geschüttet, in dessen Innerem Kanthölzer angebracht waren. Die sorgten dafür, dass die Kugeln alles andere als leise nach unten polterten. Die Illusion des grummelnden oder gar krachenden Himmels war perfekt. Mühsam wurde es für die Handlanger nur, wenn es mehrere Gewitter zu vertonen galt. Dann nämlich mussten die Holzkugeln vom Bühnenboden wieder hinauf geschleppt werden bis oberhalb des dritten Ranges.

Kaum weniger schweißtreibend war die Windmaschine: ein zylindrisches Holzskelett, über das ein Leinentuch gespannt war. Drehte der Bühnentechniker den Zylinder, erzeugte die Reibung an dem Stoff ein täuschend echtes Sausen des Windes.

Das Leiden der Sopranistin

Nicht nur die Bühnentechniker hatten ein schweres Leben im Ludwigsburger Schlosstheater. Auch die Künstler litten erheblich – wenn auch aus anderen Gründen: Die Sängerin Marianne Pirker und ihr Ehemann Joseph Franz verloren dort gar ihre bürgerliche Existenz.

Als Marianne Pirker 1750 ein festes Engagement am Hofe Carl Eugens antrat, war sie eine gefeierte Sopranistin, die in Graz, Hamburg, London,

Rekonstruierte Technik: eine nachgebaute Öllampe zur Bühnenbeleuchtung (oben), die „Höllenfahrt" im Modell des Theatermuseums (unten).

Donnerwetter! Der Donnerschacht im Theater funktioniert auch heute noch.

Kopenhagen und mehreren italienischen Städten aufgetreten war. Nun schmückte die Pirker den Hof in Ludwigsburg, und ihre ersten Jahre verliefen ausgesprochen erfolgreich. 1752 gelang es ihrem Ehemann Joseph Franz überdies, Kapellmeister in Württemberg zu werden.

Auch gesellschaftlich kletterte Marianne Pirker rasch in höchste Gefilde. Sie wurde zur Vertrauten der jungen Herzogin Elisabeth Friederike von Bayreuth, die Carl Eugen 1748 geheiratet hatte. Doch es sollte eine verhängnisvolle Freundschaft werden für die Sopranistin.

Schon kurz nach der Hochzeit befürchtete der Preußen-König Friedrich der Große, der Onkel von Elisabeth Friederike, dass Carl Eugen seiner Ehefrau nicht treu bleiben würde. Tatsächlich widmete sich der Herzog lieber seinen Maitressen als der charakterlich schwierigen Gemahlin, die außerdem als königliche Hoheit unter ihrem Stand geheiratet hatte, sich am württembergischen Hofe schwer tat und einsam blieb. Als auch noch der erwartete Thronfolger ausblieb und die 1750 geborene Tochter Friederike nach einem Jahr starb, war die Ehe des Fürstenpaares zerrüttet.

1756 überstürzten sich die Ereignisse. Die Fakten waren zwar klar, ihr Zusammenhang aber lässt sich nur mittels des inoffiziellen und damit ungesicherten Hofklatsches nachvollziehen. Dem äußeren Anschein nach folgte die Herzogin zunächst dem Ruf ihres Gemahls, der zu einem Jagdaufenthalt am Bayreuther Hof weilte. In Ludwigsburg wunderte man sich allerdings schon, dass die Herzogin ungewöhnlich viel Gepäck verstauen ließ, und tatsächlich verkündete Elisabeth Friederike, kaum in der Heimat

Der Orchestergraben war für kleinere Ensembles gebaut: Die Hofkapelle des Herzogs hatte weniger Musiker als heutige Orchester.

angekommen: Niemals wieder werde sie württembergischen Boden betreten und sich den demütigenden Verhältnissen am Hof ihres Gemahls und seinen zahlreichen Maitressen aussetzen.

War es vielleicht das ungeklärte Schicksal der Marianne Pirker, welches die Herzogin zu ihrer überstürzten Flucht veranlasst hatte? Denn urplötzlich waren sowohl die Sängerin als auch ihr Ehemann verschwunden. Eine Quelle berichtet, die Herzogin habe sich während einer öffentlichen Audienz Carl Eugens in die Schlange der Bittsteller eingereiht und nach dem Verbleib des Paares gefragt, was – wenn dies denn stattgefunden hat – ein unglaublicher Affront gewesen wäre. Was tatsächlich vorgefallen ist, blieb allerdings im Dunkeln. Klar war nur, dass die Pirkers verschwunden waren, die Herzogin daraufhin ihre Zelte abbrach und in Ludwigsburg nicht mehr gesehen ward.

Erst viel später stellte sich heraus, dass die Pirkers auf Geheiß des Herzogs verhaftet und auf dem Hohenasperg eingekerkert worden waren. Acht lange Jahre dauerte die Haft des Künstlerpaares, erholt hat es sich davon nie mehr. Die Sängerin trug körperliche und wohl auch seelische Schäden davon. Sie habe ihre Stimme verloren, berichtet eine Quelle. Auch ihr Ehemann ist nie mehr aufgetreten.

Die Bühne lebt weiter: ein Szenenfoto der Aufführung des „Pomeranzendiebs". Das Stück wurde im Jubiläumsjahr 2004 von Mitarbeitern und Freunden des Schlosses im historischen Theater mit großem Erfolg dargeboten.

Das Ludwigsburger Kanonenkonzert

HOFGEFLÜSTER
Von Ulrich Krüger

Als Herzog Carl Eugen allmählich zur Ruhe kommt und 1775 seine Residenz von Ludwigsburg zurück nach Stuttgart verlegt, erfüllt er nicht nur seiner geliebten Franziska von Hohenheim einen lange gehegten Herzenswunsch. Auswirkungen hat die Entscheidung auch auf den Hofstaat und die gesamte Beamtenschaft, die ihrem Herrscher folgen dürfen. Oder müssen. In Ludwigsburg wird es dagegen ziemlich ruhig in dieser Zeit. Auf den Straßen, so berichten die Chronisten, wuchert allerlei Unkraut, weswegen sich Spötter manche Bemerkung nicht verkneifen können. Das einst so stolze Ludwigsburg jedenfalls nennen sie verächtlich „Grasburg".

Auch das zuvor so ausschweifende Musik- und Theaterleben im Ludwigsburger Schloss kommt zum Erliegen. Dies ändert sich auch nicht nach Carl Eugens Tod und dem Regierungsantritt seiner jüngeren Brüder Herzog Ludwig Eugen (1793-1795) und Herzog Friedrich Eugen (1795-1797). Im Gegenteil. 1796 verpachtet Friedrich Eugen gar das Schlosstheater für sechs Jahre an den Schauspieldirektor Wenzeslaus Mihule. Eine verhängnisvolle Wahl. Denn die Qualität der Aufführungen erreicht nie mehr auch nur annähernd das Niveau der Zeit unter Carl Eugen. Stattdessen bespielen umherziehende Schauspieltruppen und Gaukler das Schlosstheater.

Welche Folgen diese Entwicklung für das Ludwigsburger Schlosstheater hat, wie sehr es sich von einem Musentempel in eine Zirkusarena verwandelt, beschreibt der in Ludwigsburg geborene Dichter und Pfarrer Justinus Kerner sehr anschaulich: „Auch Aventuriers (Abenteurer) versuchten in jener Zeit in dieser Stadt ihr Glück und es ist jetzt unbegreiflich, aber gewiss, dass einmal ein solcher mit der Annonce erschien: er werde auf den Abend im Schlosstheater ein Kanonenconcert geben. So viel ich mich erinnere, spiegelte er vor: durch Losschießen kleiner Kanonen von verschiedenem Kaliber Melodien hervorzubringen. – Alles strömte in das Theater, und der Künstler sammelte ein gutes Entrée ein. Als man in's Parterre und in die Logen trat, war natürlich der Vorhang noch gefallen, allein er zog sich nie auf; der Betrüger war mit der Casse bereits über die Mauern der Stadt, bevor die Menge einsah, dass sie wirklich betrogen worden war."

Nach diesem Vorkommnis wird der Vertrag mit dem Schauspieldirektor Mihule nicht verlängert.

Der Mops

Carl Alexander (1684 – 1737) tritt nach dem Tod des Schlossgründers Herzog Eberhard Ludwig als elfter regierender Herzog von Württemberg die Regierungsgeschäfte in Stuttgart und Ludwigsburg an.

Ein Denkmal für die Treue

Er entstammt der Nebenlinie Württemberg-Winnental und bewohnt, bevor er Herzog wird, das Schloss Winnenden, sofern er nicht im Auftrag des Kaisers als Generalfeldmarschall in Serbien weilt. An der Seite des berühmten Feldherrn Prinz Eugen von Savoyen erringt er 1717 einen glänzenden Sieg über die Türken bei Belgrad.

Als Dank für diese Leistung wird Carl Alexander auf Vorschlag von Prinz Eugen vom Kaiser zum österreichischen kommandierenden General und Präses der Landesadministration im Königreich Serbien ernannt. In dieser Funktion wird er auch Statthalter von Belgrad.

Zu diesem Zeitpunkt kann er noch nicht an eine Regentschaft im Herzogtum Württemberg denken, da Herzog Eberhard Ludwig mit seinem Sohn, dem Erbprinzen Friedrich Ludwig, einen direkten Nachfolger auf dem Herzogthron hat. Carl Alexander widmet sich ganz seiner Karriere als Soldat in kaiserlichen Diensten. Zu Ehren seines Förderers und väterlichen Freundes Prinz Eugen von Savoyen gibt er seinen drei Söhnen den Beinamen Eugen: Carl Eugen, Ludwig Eugen, Friedrich Eugen. Alle drei werden Herzöge von Württemberg.

Auf allen Feldzügen und bei allen Schlachten wird Carl Alexander von seinem treuen Mops begleitet, den er von Winnenden nach Serbien mitnimmt. Im Getümmel der Schlacht bei Belgrad werden Herr und Hund getrennt. In elf Tagen, andere Quellen schreiben von vier Wochen, rennt der treue Mops die mehr als 1 000 Kilometer lange Strecke von Belgrad zurück nach Winnenden. Für diese sportliche Leistung, Intelligenz und Treue errichtet Carl

Alexander seinem geliebten Mops ein Denkmal im Hof von Schloss Winnenden.

Das Denkmal für den Mops ist noch immer im Schlosshof von Winnenden zu besichtigen. Übrigens: Der Mops hat sich bis heute als Schlosshund erhalten. Carl Herzog von Württemberg besitzt noch heute eine Hunderasse, die dem Mops seines Urahns sehr ähnlich sieht.

Ein kleiner Mopshund, wohlgeboren,
der hatte seinen Herrn verloren –
vor Belgrad war's, im Türkenkrieg,
als Prinz Eugen behielt den Sieg.
In Kriegsgeschrei und Pulverdampf,
in Rossgewieher und –gestampf
da sahn sie plötzlich sich nicht mehr.
Der Mops lief ratlos hin und her,
hat viel geschnuppert und gebellt!
Längst saß sein Herr im Feldherrnzelt
mit den andern Generälen;
die konnten alle viel erzählen,
von sich und ihren Heldentaten
und von denen der Soldaten.
Daß einen Mopshund er besessen,
das hat er leider ganz vergessen.
Der hat sich aber bald besonnen
und nach Haus den Weg genommen.
Elf Tage lang ist er gerannt,
von Belgrad heim ins Schwabenland!
Wie hat im Schloss man ihn begrüßt,
gestreichelt und ihn abgeküsst!
Die Köchin hat ihm hingestellt
das beste Futter von der Welt!
Ein Denkmal hat man auch errichtet,
drauf einen schönen Spruch gedichtet,
in Stein gehauen – nicht aus Holz –
und alle waren auf ihn stolz.

(Vom Gedenkstein in Winnenden)

Flucht aus dem Paradies

Wie die Württemberger in der Ahnengalerie ihre Herrschaft legitimieren wollten

Eigentlich war die Ahnengalerie zunächst nur etwas, das man halt auch brauchte: ein Verbindungsgang nämlich vom Neuen Corps de logis zu den älteren Teilen des Schlosses. Erst von 1729 an wurde sie zu einem der repräsentativsten Prunkräume des Schlosses. Seither beherbergt die Ahnengalerie Bildnisse der regierenden Herzöge und Könige von Württemberg sowie deren Gemahlinnen – soweit sie für den Erhalt der Dynastie von Bedeutung waren. Wohl auch mit einem Seitenblick auf die immer wieder angestrebte Karriere der Württemberger im Reich wollte man das Alter und die vornehme Abkunft des eigenen Hauses dokumentieren. Auf diese Weise diente die Ahnengalerie zur Legitimation der Herrschaft.

Um den Bildern der Fürsten einen ihrer Bedeutung angemessenen Rahmen zu geben, schuf Carlo Carlone zwischen 1731 und 1733 ein Deckenfresko in der Ahnengalerie, das zu den wertvollsten Schätzen des Ludwigsburger Schlosses zählt. Eine „Huldigung der Künste und Wissenschaften an Herzog Eberhard Ludwig" sollte dieses Gemälde werden. So jedenfalls ist es betitelt, und eine Huldigung ist es auch geworden – freilich vor allem eine an den Künstler, der das Werk vollbracht hat.

Eine gemalte Architektur teilt das Gemälde in neun Szenen, die einem Rhythmus aus illusionistischen Leinwandbildern, Kuppeln und Himmelsausblicken folgen. Und eine ganze Reihe von historischen und sagenhaften Gestalten sind in dem Werk verewigt: immer wieder Alexander der Große, aber auch Venus, die den Mars entwaffnet, oder Helios Apoll und die Musen. Im Zentrum würdigt das Gemälde die Großmut des Fürsten, der die Künste fördert und die Feinde abwehrt. Was hätte sich der Schlossgründer Eberhard Ludwig auch Schöneres wünschen können?

ie Karrierre des Carlo Innocenzo Carlone

Der ihm diesen Wunsch erfüllte – gegen Bezahlung natürlich –, war in jenen 30er-Jahren des 18. Jahrhunderts einer der angesehensten Künstler Europas. Carlo Innocenzo Carlone wurde im November 1686 im oberitalienischen Scaria geboren. Wie sein Vater Giovanni Battista Carlone und sein zeitweilig ebenfalls in Ludwigsburg tätiger Bruder Diego sollte auch Carlo die lange Familientradition des Stukkatorhandwerks fortführen. Schon als Zwölfjähriger begleitete der Sohn seinen Vater nach Passau, wo Giovanni Battista eine eigene Werkstatt unterhielt und mit der Stuckierung des Doms beschäftigt war.

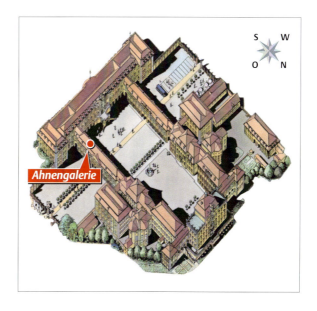

Doch bald entschied sich Carlo gegen die Tätigkeit als Stuckator und für eine Laufbahn als Maler. Seine Lehre absolvierte er, mit dem Segen des Vaters, beim Freskanten Giulio Quaglio aus dem Friaul, der zwar nur über ein eingeschränktes Renommee verfügte, zu seinem Lehrbuben aber gut gewesen und sowohl menschlich als auch künstlerisch zum Vorbild avanciert sein soll.

Nach der Ausbildung folgte der Maler der Auftragslage – durch halb Europa: Venedig, Rom, Passau, Wien, Como, Prag und dazwischen immer wieder Ludwigsburg. Bereits 1716 hatte er den Auftrag für das Hochaltarbild der Apostelkommunion für die evangelische Hofkapelle erhalten, das er 1723 vollendete. Die zweite Schaffenszeit am württembergischen Hofe, in der eben auch jenes Deckenfresko in der Ahnengalerie entstand, fand zwischen 1730 und 1733 statt.

Carlones Deckenfresko bildet das würdige Dach für ein württembergisches Album der eigenen Art. Unterhalb der Malerei sind an den Wänden rechts und links die Damen und Herren des Hauses Württemberg versammelt: vom ersten Herzog Eberhard im Bart bis zum letzten König Wilhelm II. Eine Übersicht über all jene, die in der Ahnengalerie des Ludwigsburger Schlosses bildnerisch gewürdigt werden, findet sich im Anhang dieses Buches.

Nur exemplarisch sollen hier zwei Paare gewürdigt werden, die in ihrer Zeit eine besondere Rolle gespielt haben: Herzog Friedrich I. und seine Gemahlin Sibylla sowie König Wilhelm I. mit seiner Cousine Pauline, die später seine Frau werden sollte. Mit ihren Gemälden in der Ludwigsburger Ahnengalerie sind nicht nur große Momente der Geschichte des Landes verbunden, sondern bisweilen auch zutiefst tragische Lebensläufe.

Friedrich I. und Sibylla: die Eltern Württembergs

Wer den vielgestaltigen Verästelungen im Stammbaum des Hauses Württemberg folgt, landet unweigerlich bei der Herzogin Sibylla, der Gemahlin Friedrichs I. von Württemberg. Im Jahre 1564 geboren, hat sie eine ganz besondere Bedeutung für

Drei Bilder aus der Ahnengalerie: Eberhard im Bart, der letzte Graf und erste Herzog von Württemberg (1445 – 1496, links). Herzog Friedrich I. (1557 – 1608) und seine Gemahlin Sibylla (1564 – 1614, rechte Seite).

die Württemberger: Sibylla ist die Stammmutter des Hauses in allen Linien. Sie gebar im Laufe der Jahre die erstaunliche Zahl von 15 Kindern, von denen allerdings fünf starben.

Sibylla hat ihren Herzog Friedrich im Jahr 1581 übrigens aus persönlicher Zuneigung geheiratet. Trotzdem war die Ehe schon ein Jahrzehnt später zerrüttet. Die Herzogin starb 1614, nachdem sie die letzten Jahre ihres Lebens auf ihrem Witwensitz in Leonberg verbracht hatte.

Von Bedeutung war das Paar auch in politischer Hinsicht. Als Sibyllas Gatte Friedrich I. im Jahr 1593 als sechster Herzog die württembergische Herrscherwürde von seinem kinderlos gestorbenen Vetter Ludwig übernahm, begann ein neuer Wind durch das Land zu wehen. Bis heute gilt Friedrich als einer der ersten frühabsolutistischen Herrscher. Doch verfolgte er auch eine gezielt merkantilistische Wirtschaftspolitik; er förderte die Leinenweberei in Urach, den Erzabbau im Schwarzwald und ließ Eisenwerke im Kochertal errichten.

Im Jahr 1599 gründete er Freudenstadt, das seinerzeit noch Friedrichstadt hieß. Sein Baumeister war der berühmte Architekt Heinrich Schickhardt, der die Stadt nach dem Vorbild des Mühlespiels gestaltete. Arkaden umziehen bis heute den Freudenstädter Marktplatz, der in den Ecken mit Gebäuden in L-Form markiert wird. Dahinter entstanden noch zwei weitere Häuserreihen. Im Mittelpunkt der Stadt war ein mächtiges Residenzschloss geplant, das dem Herzog als Amts- und Wohnsitz dienen sollte. Doch der Traum der inzwischen auf 3 500 Einwohner angeschwollenen Ansiedlung, auch zur Hauptstadt des Herzogtums zu werden, starb mit dem Tod Friedrichs I. im Jahre 1608.

König Wilhelm I. und Königin Pauline: eine Ehe voller Trauer

Gut 200 Jahre später schickte sich ein schneidiger Herr in Uniform an, das Land und seine Untertanen zu regieren: König Wilhelm I. Von 1816 bis 1864

König Wilhelm I. (1781 – 1864) und seine unglückliche dritte Frau Pauline (1800 – 1873). Legendär ist des Monarchen unsterbliche Liebe zu seiner früh verstorbenen zweiten Frau Katharina von Russland – und anderen.

herrschte er, hat dabei den Hofstaat und die Leibgarde verkleinert und in Zeiten wirtschaftlicher Not die Landwirtschaft nachhaltig unterstützt. Wilhelm sanierte den Staatshaushalt und führte eine zeitgemäße Landesverwaltung ein. Einiges, was immer noch das Leben der Württemberger prägt, hat seine Wurzeln in Wilhelms Amtszeit. So gründete der König 1818 die land- und forstwirtschaftliche Akademie in Hohenheim, die bis heute fortlebt, genauso wie die landwirtschaftliche Leistungsschau auf dem Cannstatter Wasen.

In Wilhelms Amtszeit wurde am 25. September 1819 im Ordenssaal des Ludwigsburger Schlosses die erste württembergische Verfassung feierlich verkündet. Sie löste den jahrhundertealten Gegensatz zwischen dem Herrscher und den Landständen auf. Dies ist auch deshalb bemerkenswert, weil Wilhelm diese Verfassung gegen den Adel und die enteigneten Kirchen durchdrückte. Württemberg wurde mit dieser Reform zur konstitutionellen Monarchie.

Zu diesem Zeitpunkt hatte König Wilhelm schon den Tod seiner Cousine und Ehefrau, der russischen Großfürstin und Zarentochter Katharina Pawlowna, im Januar 1819 zu verkraften. Nur drei Jahre waren den Eheleuten vergönnt, in dieser Zeit nahm die sozial engagierte Katharina Pawlowna regen Anteil an den Reformprojekten ihres Gemahls. Nach ihr ist das bis heute existierende Katharinenhospital in Stuttgart benannt.

Grenzenlos soll die Betroffenheit des Königs ob des überraschenden – und bis heute rätselhaften – Todes gewesen sein, berichten die Chronisten. Wie sehr Wilhelm um seine Gemahlin trauerte, ist nach wie vor auf dem Stuttgarter Rotenberg zu sehen. Damals ließ Wilhelm die Burg Württemberg – den Stammsitz des Hauses – schleifen und durch eine russisch-orthodoxe Grabkapelle ersetzen.

Doch die Staatsräson, genauer: der fehlende männliche Thronerbe, ließ dem König nur wenig Zeit zur Trauer. Bereits 1820 heiratete Wilhelm eine andere Cousine, Prinzessin Pauline von Württemberg. Es war eine 44 Jahre währende, unglückliche Ehe, über die der Besucher der Ahnengalerie des Residenzschlosses beim Betrachten des Gemäldes der Königin Pauline nachsinnen kann. Eine gewisse nachdenkliche Melancholie in Paulines Blick ist kaum zu übersehen. Immerhin zeugten Wilhelm und seine Pauline 1823 einen Thronfolger, den späteren König Karl. Pauline gebar sogar noch zwei Töchter, Katharina und Auguste.

Das Problem mit den Kronleuchtern in der Ahnengalerie

HOFGEFLÜSTER
Von Ulrich Krüger

„Vive la France – vive de Gaulle", schallt es aus zigtausend Kehlen, als am 9. September 1962 eine riesige Wagenkolonne über die Stuttgarter Straße in Richtung Schloss rollt. Charles de Gaulle besucht als erster Präsident der Grande Nation Deutschland. Im Ludwigsburger Schlosshof hält er seine Aufsehen erregende Rede an die deutsche Jugend.

Schon Wochen zuvor laufen die Vorbereitungen für den Staatsbesuch auf Hochtouren. Dem damaligen Leiter der Schlossverwaltung, meinem Vater, fällt die Aufgabe zu, das Schloss dem Ereignis entsprechend von seiner besten Seite zu zeigen. Nebenbei gilt es, auch Vorkehrungen für durchaus Menschliches zu treffen. Innerhalb der noch bescheidenen Zahl der „stillen Örtchen", die damals einem hohen Staatsgast zumutbar sind, fällt die Wahl auf die Toilette im Östlichen Flügelbau. Sie befindet sich ein Stockwerk unter der elterlichen Dienstwohnung.

Für mich als zwölfjährigen Buben ist das die Gelegenheit, unbemerkt und aus einem möglichst sicheren Versteck heraus einen neugierigen Blick auf den berühmten Mann zu erhaschen.

Den Vater und die überall gegenwärtigen Protokollbeamten plagen jedoch ganz andere Nöte. Der Weg von der Ehrentribüne zu dem besagten Ort führt durch die Ahnengalerie, und die dort hängenden Kronleuchter sind das eigentliche Problem. Niemand weiß vorab, ob Monsieur le Président in seiner Generalsuniform mit dem berühmten, die lichte Raumhöhe einschränkenden „Képi" oder in Zivilkleidung erscheinen wird. Im Wissen um die stattliche Größe de Gaulles werden die Kronleuchter als potenzielle Gefahrenquellen eingeschätzt und kurzerhand um 15 Zentimeter höher gehängt. Übrigens: die Kronleuchter hängen bis heute noch so.

Doch wer zum Erstaunen aller nicht das Örtchen aufsuchen muss, war der französische Staatspräsident. Ganz anders der unter den Ehrengästen weilende Altbundespräsident Theodor Heuss. An seiner geliebten Zigarre ziehend, näherte sich Heuss, von meinem Vater und Sicherheitsleuten begleitet, der Toilette. Und er war es auch, der das Versteck des Buben als erster entdeckte. In seinem gepflegten Honoratiorenschwäbisch forderte Heuss mich unmissverständlich auf: „Jonger, komm her und heb gschwend mei Zigarr. Wenn du willsch, kannsch au dra ziaga." Bevor ich überhaupt überlegen konnte, ob ich das Angebot dieses vornehmen Herrn annehmen sollte, kehrte Heuss in freudiger Erwartung seines Rauchvergnügens zurück. Er griff nach seiner Zigarre, lobte den Kleinen und entschwand mit seinem Tross in Richtung Ahnengalerie.

Papa Heuss, einmal ohne Zigarre. 1962 begleitete der Altbundespräsident den französischen Staatschef Charles de Gaulle bei dessen Besuch in Ludwigsburg.

Dem armen Adel verpflichtet

Beschwerlich war der Weg hinauf in die Kammern der Zofen. Bis zu dreißig Höhenzentimeter messen die einzelnen Stufen, die ins Zwischengeschoss führen – dorthin also, wo man aus einem Raum zwei machte, indem man eine Decke einzog. Entsprechend niedrig ging's zu in den Zimmern der Dienerschaft, was aber zumindest in einer Hinsicht ein Vorteil war: Es wurde dort wesentlich schneller warm als in den überhohen repräsentativen Räumen der Königin.

Miete für die Bedürftigen

Zofen stammten häufig aus adligen Familien, deren Reichtum nur noch aus dem Namen bestand, der im Gegensatz zu den Bürgerlichen ein „von" aufwies. Obwohl sie sich ganz in den Dienst ihrer Herrin zu stellen hatten, durften die Zofen dennoch heiraten. Wurde ihnen aber ein Kind geboren, mussten sie den Dienst am Hofe quittieren.

Als das Schloss nach dem Tod des Königs Friedrich zum Witwensitz der Königin Charlotte Mathilde wurde, schrumpfte der Hofstaat, der zu Zeiten Carl Eugens etwa 1800 und bei Friedrich noch 800 Personen umfasste, erheblich. Ehe sie 1828 starb, beschäftigte Charlotte Mathilde in ihrem kleinen Hofstaat von 76 Bediensteten noch drei Zofen. Die Königinwitwe war sehr sozial eingestellt und bezahlte unschuldig in Not Geratenen gelegentlich den Mietzins. Dabei soll sie gesagt haben, dass sie auf diese Weise zwei Menschen helfe: den Armen und dem Hausbesitzer, der sonst kein Geld gesehen hätte.

Der Schrank der Zofen

Viel war es nicht, was die Kammerzofen am Hofe zu Ludwigsburg an persönlichen Gegenständen zur Verfügung hatten. Das brauchten sie auch nicht. Denn das meiste wurde ihnen gestellt: Kleider, eins für den Sommer, eins für den Winter, etwas zu Essen, ein Dach über dem Kopf. Unter diesem Dach, in der Kammer der Zofen, befanden sich dennoch große Schränke. Dort wurden die Kleider und die Wäsche der Königin aufbewahrt. Das hatte durchaus Sinn. Denn zum einen sollten die repräsentativen Räume nicht durch solch klobige Möbel wie Schränke verunstaltet werden. Zum anderen war es ohnehin die Aufgabe der Zofen, ihrer Herrin des Morgens beim Ankleiden zu helfen.

Vermutlich hat es ein „Stoffbuch" gegeben, in dem von jedem Kleid der Königin ein Stoffquadrat eingelegt war. Dieses Buch soll der Königin als Entscheidungshilfe gedient haben, um aus dem reichen Fundus ihrer Kleider das Gewünschte auszuwählen. Übrigens hat dazu wohl wirklich eine Stoffprobe ausgereicht. Denn der Schnitt der Kleider war zu Zeiten der württembergischen Königin Charlotte Mathilde fast immer derselbe.

Wo die Kleider waren

Im Beinhaus der Steine

Auch Steinskulpturen kommen ans Ende ihrer Kraft

Im Plausch erstarrt scheinen diese beiden Skulpturen im Lapidarium des Schlosses zu sein. Als sie noch draußen – vielleicht im früheren Ehrenhof des Schlosses – standen, hatten die beiden die Aufgabe, als symbolische Siegestrophäen vom militärischen Ruhm des Herzogs Eberhard Ludwig zu künden. Kaum verwunderlich also, dass man da ob der Langeweile ein wenig ins Plaudern kommt. Worüber sich die steinernen Herrn wohl unterhalten haben mögen? Vielleicht machten sie sich ja über die eine oder andere Hofschranze lustig, die an den Skulpturen ganz unstandesgemäß vorbei eilte, um nicht zu spät zum Empfang des Fürsten zu kommen. Oder aber sie mokierten sich darüber, dass sie das Stein gewordene Dokument einer großen Lüge seien. Denn entgegen aller Propaganda waren die militärischen Meriten Eberhard Ludwig alles andere als üppig. Genau genommen hat er sich nur an der Schlacht von Höchstädt 1704 – in der zweiten Reihe mit einem kleinen Truppenkontingent – beteiligt, als er im Gefolge der Habsburger gegen die Franzosen in den Spanischen Erbfolgekrieg mitgehen durfte. Gleichwohl, oder gerade deshalb, haben die Bildhauer jede Gelegenheit genutzt, um im Auftrag des Herzogs symbolisch auf seine kriegerische Stärke hinzuweisen. Getreu dem Motto: erst das Fressen, dann die Moral, haben die Künstler verkündet, was ihr Auftraggeber verkündet wissen wollte.

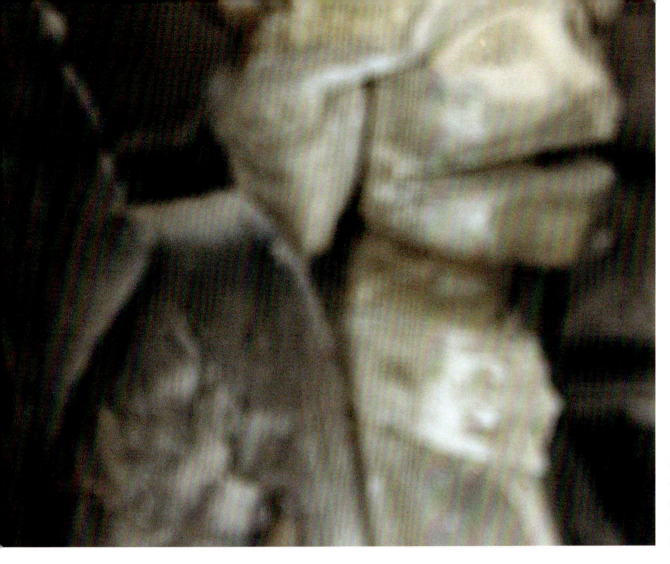

Zahlreiche Originalskulpturen sind heute im Lapidarium des Schlosses erhalten.

Zernagte Extremitäten

Im Lapidarium im Erdgeschoss des Neuen Corps de logis ruhen heute die steinernen Götter, Tiere, Trophäen und Vasen, die früher Gärten, Höfe, Treppen und die Dachbalustraden des Schlosses zierten. An die frische Luft werden sie nie mehr gelangen. Als die Restauratoren Anfang des 20. Jahrhunderts bemerkten, wie viele der Skulpturen vom Zahn der Zeit zernagt waren, war es schon fast zu spät. Der Verfall des Sandsteins war kaum noch aufzuhalten, immer mehr Figuren verloren ihre Extremitäten, mitunter sogar den Kopf.

Der beim Schlossbau verwendete Sandstein stammt größtenteils aus dem Bietigheimer Rothacker-Steinbruch, den es heute nicht mehr gibt. Physikalische Untersuchungen haben zwar ergeben, dass es ein qualitativ hochwertiger Stein war. Doch trotz aller Haltbarkeit ist auch das Leben eines solchen Materials vergänglich. Vor allem der Wechsel der Jahreszeiten mit Frost, Hitze, Regen und Trockenheit setzten dem Sandstein so sehr zu, dass seine Bindungsfähigkeit allmählich erlahmte. Und so erging es dem geflügelten Bein des Perseus nicht besser als den zahllosen anderen Extremitäten verschiedener Statuen und Skulpturen des Ludwigsburger Schlosses.

Das Lapidarium

Die Restauratoren haben 1924 eine Sandsteinfigur mit Beton geflickt (linke Seite). Wind und Wetter haben vielen Figuren über die Jahrzehnte schwer zugesetzt (rechts und oben links). Der Hund auf dem Herzogshut wurde vielleicht schon damals als Despektierlichkeit des Künstlers verstanden (oben rechts).

Die Restauratoren können solche Beinbrüche heilen. Viele der Skulpturen wurden in den zwanziger Jahren des 20. Jahrhunderts ins Lapidarium verfrachtet und dort ausgebessert, mit einer Mischung aus Kalksplitt und Zement. Trotzdem sind die Nahtstellen deutlich sichtbar, weil der verwendete Beton und der alte Sandstein unterschiedliche Eigenschaften haben. Auch wenn die Prothesen und die Originale deshalb nur schwer zueinander finden, haben die Restauratoren im Rahmen ihrer Möglichkeiten gute Arbeit geleistet. Die nachträglichen Abgüsse halten immerhin seit vielen Jahrzehnten.

Die Geschichte in Sicherheit

Im trockenen und klimatisch halbwegs stabilen Lapidarium müssen die Figuren dennoch bleiben. Zu brüchig ist der Sandstein aus dem 18. Jahrhundert, als dass er noch eine Saison bei Wind und Wetter draußen überstände.

Die Themen dieser Skulpturen waren nicht nur der militärische Ruhm des Herrschers, sondern auch die antike Sagenwelt. Im Lapidarium ist bei näherer Betrachtung darüber hinaus manche Absonderlichkeit zu finden. So wollte offenbar der italienische Bildhauer Giorgio Feretti, der Anfang des 18. Jahrhunderts zahlreiche Skulpturen des Ludwigsburger Schlosses entwarf, bei einer seiner Vasen seine südländische Herkunft nicht verbergen. Der kauernde Hund, der das obere Ende einer Ziervase abschließt, könnte ohne weiteres auch im Torbogen eines italienischen Gehöftes in der Nachmittagssonne schlummern. In diesem konkreten Fall tut er es allerdings an einem ganz anderen, unvermuteten Ort, nämlich auf dem Hut des Herzogs. Ob der Bildhauer sich mit dieser Despektierlichkeit am Fürsten rächen wollte, weil dieser mal wieder den Lohn nicht gezahlt hatte?

Adonis im Doppelpack: links aus Sandstein, rechts aus Gips. Duplikate waren früher durchaus üblich.
Sie dienten als Vorlage für weitere Sandsteinfiguren.

Macht hoch die Tür...

Etikette am Eingang des Hofs

Es muss hoher Besuch gewesen sein, der sich angekündigt hatte, wenn der Kammerdiener beide Flügeltüren öffnete, die hinein führen in den Marmorsaal des Neuen Corps de logis. Die einfachen Adligen – oder gar die Bürger –, die auf eine Audienz bei Seiner Majestät hofften, durften schon zufrieden sein, wenn sie überhaupt vorgelassen wurden; dann aber führte ihr Weg allenfalls durch eine geöffnete Tür, die andere hingegen blieb verschlossen. Taten sich allerdings beide Flügel auf, dann wusste auch die anwesende Garde, die alle Gäste musterte und gegebenenfalls eskortierte, dass es sich um eine hochgestellte Persönlichkeit handeln musste, die um Einlass ersuchte.

Die Königin Charlotte Mathilde, wie sie heute in ihrem Assembléezimmer im Neuen Corps de logis zu sehen ist.

Ein Leben für Haus, Hof und Familie

Vom Schicksal der württembergischen Königin Charlotte Mathilde, die eine Engländerin war

An manchen Tagen soll Charlotte Mathilde arg gelitten haben. Es war die Sehnsucht nach der Heimat, welche die württembergische Königin umtrieb. Aus England stammte sie, wo sie eine Prinzessin gewesen war, und vielleicht ist das Heimweh der Königin auch verständlich, wenn man sich vor Augen führt, wie romantisch die Beziehung zu ihrem Gemahl, dem König Friedrich von Württemberg, wohl gewesen sein muss.

Im Jahre 1797 reiste Friedrich nach London, wo er Charlotte Mathilde jeden Tag eine Stunde lang besuchen durfte. Kurz darauf heirateten die beiden. Die englische Prinzessin zog nach Ludwigsburg, wurde württembergische Königin und schwanger. Doch das Kind, ein Mädchen, wurde tot geboren. Lange lag Charlotte Mathilde danach im Krankenbett – umsorgt von Ärzten wie Christian Friedrich Jäger, der allerlei Empfehlungen aussprach.

Die Königin sollte baden und das Wasser mit aromatischen Kräutern versetzen, um Krämpfen und dem Transpirieren entgegenzuwirken. Cannstatter Brot sollte sie essen und dazu schlückchenweise lauwarmes Cannstatter Wasser trinken. Vom Genuss von Wein wurde dagegen abgeraten. Zwar sollte sie dem edlen Getränk nicht gänzlich abschwören, aber den Konsum vor allem an der Tafel doch mindern.

Das galt auch für sonstige Leckereien, welche die 1,86 Meter große und ungefähr 240 Pfund schwere Königin gerne zu sich genommen hatte. Nur gesottenes Fleisch und Brühe sollten der Monarchin wieder auf die geschwächten Beine helfen. Das gelang schließlich auch. Doch wirklich gut zu Fuß war Charlotte Mathilde eigentlich nie. Später litt sie sogar an einer Gehbehinderung, deren Ursprung ungeklärt ist. Manche sprechen von einem Reitunfall, der für das Malheur verantwortlich gewesen sein soll, andere sagen, die Monarchin habe unter den Symptomen der Gicht gelitten.

Den gut hundert Meter langen Weg von ihrem zu seinem Schlafzimmer soll die Königin kaum noch beschritten haben – angesichts der politisch arrangierten Verbindung ist das auch kein Wunder. Trotzdem sei das Paar, so berichten die Chronisten, respektvoll miteinander umgegangen. Charlotte Mathilde mengte sich nicht in die Regierungsgeschäfte ihres Mannes, engagierte sich stattdessen in sozialen Belangen – unter anderem setzte sie sich für die Gründung des Mathildenstifts ein, das sich verwahrloster Kinder annahm und dessen Tradition bis heute in der Karlshöhe fortlebt – und widmete sich ansonsten der Familie. Geduldig habe die gebildete, fromme und warmherzige Königin auch die Launen ihres oft herrischen Gatten ertragen. Getreu ihrem Motto, dass es das große Glück

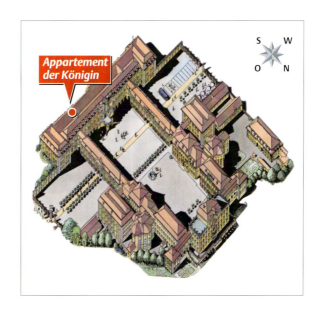

der Frauen sei, für das häusliche Leben bestimmt zu sein, blieb sie eine bescheidene Frau. Einmal schrieb sie, dass sie anders denkende Frauen nur bedauern könne, wenn sie „aus ihrem Lebenskreis heraustreten und sich in Dinge einmischen, von denen sie nichts verstehen".

Katharina und die Odyssee durch Europa

Liebevoll sorgte die kinderlose Königin auch für Friedrichs Nachkommen aus dessen erster Ehe mit Auguste Karoline Friederike Luise von Braunschweig-Wolfenbüttel. So nahm sie sich etwa ihrer 1783 geborenen Stieftochter Friederike Katharina Sophie Dorothea an, die schon bald ins Räderwerk der europäischen Außenpolitik geraten sollte. Der württembergische Herzog Friedrich hatte sich 1805 mit Napoleon Bonaparte verbündet. Um die Bande zu festigen, griff man auf ein bewährtes Mittel zurück: auf eine Ehe. Katharina wurde mit Jérôme Bonaparte, einem Bruder Napoleons, verheiratet. Da Jérôme bereits König des für ihn eingerichteten Königreichs Westfalen war, wurde die württembergische Königstochter nun selbst Königin.

Lange durften die beiden ihre Regentschaft allerdings nicht genießen. Als Napoleons Russlandfeldzug gescheitert war, gingen sein Bruder Jérôme und dessen Gemahlin 1813 ins französische Exil, später reisten sie über Graz nach Triest. Als Katharina schließlich nach Württemberg zurückkehrte, tat sie das alleine: ihr Mann blieb seinem Bruder treu. Erst nach der Niederlage von Waterloo im Jahre 1815 wandte sich Jérôme wieder seiner Gemahlin zu; die beiden lebten fortan in Italien, Österreich und der Schweiz. In Lausanne starb Katharina mit 52 Jahren. Jérôme überlebte sie um viele Jahre. Er starb 1860 als Präsident des französischen Senats.

Gute hundert Meter liegen zwischen Herrn und Frau König: Sind alle Türen geöffnet, sieht man die Weitläufigkeit der Prunkräume. Enfilade heißt der Fachausdruck dafür.

Von der Königin selbst bestickt: einer der Kanapeebezüge.

Katharina (1783 – 1835), die Stieftochter der Charlotte Mathilde, in einem Portrait des Hofmalers Johann Baptist Seele.

Stickereien und singende Schränke

Bis zu ihrem Tod im Jahre 1828 soll die württembergische Königin Charlotte Mathilde unter den Wirrnissen der europäischen Politik und der daraus resultierenden Odyssee ihrer Stieftochter Katharina gelitten haben. Doch öffentlich kundgetan hat sie derlei nicht; zurückgezogen lebte sie in ihrem Appartement des Ludwigsburger Schlosses und widmete sich leidenschaftlich den kunstsinnigen Handarbeiten, die sie so sehr mochte. Einen Namen machte sie sich vor allem mit der Gestaltung einer Vielzahl von Motiven, die ihr als Vorlage für Stickereien und Porzellanmalereien dienten.

Weniger bekannt ist dagegen, wie das Verhältnis der gebürtigen Engländerin zur Musik war. Aus dem frühen 19. Jahrhundert jedenfalls stammen zwei fein geschreinerte Möbelstücke, die in ihrem Appartement ausgestellt sind und sich nicht nur durch ihre Schönheit und hohe Funktionalität auszeichnen, sondern vor allem durch ihr klingendes Innenleben. Holzwalzen befinden sich darin, auf denen kleine Metallstifte angebracht wurden. Drehte man diese Walzen, entstanden Töne, die mit jenen vergleichbar sind, die man gemeinhin von Leierkästen kennt. Die Musikmaschine im Sommerarbeitszimmer der Königin spielt die Melodie von „O du lieber Augustin" in verschiedenen Variationen. Gebaut wurden diese Musikschränke vermutlich von

Singender Schrank: die Musikmaschine der Königin spielt die Melodie von „O du lieber Augustin" in verschiedenen Variationen.

Heinrich Gambs und dem Hofebenisten Johann Klinckerfuß, die damit der Königin, ihren Hofdamen und Besuchern eine vergnügliche Unterhaltung verschafften.

Georgs Känguru – ein tierisches Geschenk

Trotz aller Zerstreuung blieb Charlotte Mathilde stets die Sehnsucht nach ihrer Familie. Erst 21 Jahre nach der Hochzeit mit Friedrich von Württemberg reiste die Königin wieder nach London. Kein Wunder also, dass sie das Heimweh ein wenig linderte, indem sie im Ludwigsburger Schloss die Portraits ihrer Eltern – des englischen Königs Georg III. und seiner Gemahlin, Königin Charlotte, die eine deutsche Prinzessin war – aufhängen ließ. Georg III., so heißt es, sei seinen Kindern ein treu sorgender, liebevoller Vater gewesen – und ein kreativer obendrein. Seiner Tochter Charlotte Mathilde jedenfalls hatte der König von England ein ganz besonderes Hochzeitsgeschenk zukommen lassen. Zwei Kängurus waren's, die er zu dem feierlichen Anlass aus der britischen Strafkolonie Australien nach Ludwigsburg exportierte. Die beiden Tiere sollen nach Herzenslust durch den Schlossgarten gesprungen sein, was so manchen Einheimischen ob der bis dato in hiesigen Gefilden unbekannten Rasse verblüfft haben mag. Nachkommen allerdings hat das exotische Paar wohl nicht gezeugt. Jedenfalls ist bis heute nichts über eine Ludwigsburger Linie von Kängurus bekannt.

Von Fabeln und Legenden

Dennoch waren zahlreiche Tiere im Schloss beheimatet – manche in Natura, andere als Helden in Geschichten, die von hoher Moral durchzogen waren: den Fabeln. In Charlotte Mathildes Vorzimmer finden sich zum Beispiel drei von Antonio Isopi um 1810 geschaffene Marmorskulpturen, die von Fabeln handeln – von jenen La Fontaines nämlich. Auf einer der Skulpturen ist deutlich erkennbar die Geschichte vom Fuchs und vom Storch dargestellt – und die erzählt er so:

Das Appartement der Königin

„Eines Tages hatte der Fuchs den Storch zum Mittagessen eingeladen. Es gab nur eine Suppe, die der Fuchs seinem Gast auf einem Teller vorsetzte. Von dem flachen Teller aber konnte der Storch mit seinem langen Schnabel nichts aufnehmen. Der listige Fuchs indessen schlappte alles in einem Augenblick weg. Der Storch sann auf Rache. Nach einiger Zeit lud er seinerseits den Fuchs zum Essen ein. Der immer hungrige Fuchs sagte freudig zu. Gierig stellte er sich zur abgemachten Stunde ein. Lieblich stieg ihm der Duft des Bratens in die Nase. Der Storch hatte das Fleisch aber in kleine Stücke geschnitten und brachte es auf den Tisch in einem Gefäß mit langem Halse und enger Öffnung. Er selbst konnte mit seinem Schnabel leicht hineinlangen. Aber die Schnauze des Fuchses passte nicht hinein. Er musste hungrig wieder abziehen. Beschämt, mit eingezogenem Schwanz und hängenden Ohren schlich er nach Hause. Und die Moral von der Geschicht': Wer betrügt, muss sich auf Strafe gefasst machen."

Für die Hofgesellschaft war die beziehungsreiche Geschichte auf dem fürstlichen Nippes sicher Anknüpfungspunkt für Gespräche an den langen Tagen im Schloss…

Bis heute hält sich auch die Legende vom Nierentisch, der im Sommerarbeitszimmer der Königin steht. Kolportiert wurde, dass der aus der Werkstatt des Hofebenisten Johann Klinckerfuß stammende Lesetisch in seinen Rundungen den Bäuchen der Königin und des Königs angepasst gewesen sei. Nur durch diese spezielle Nierenform, so hieß es, sei es dem Herrscherpaar möglich gewesen, ein Buch so auf dem Tisch abzulegen, dass sie auch darin lesen konnten. Inzwischen vermutet man freilich, dass diese Episode ebenso dem mitunter komischen, bisweilen ätzenden Hofklatsch zugeschrieben werden muss. Dabei war das Möbel einfach nur eine Modeform wie die Nierentische in den 50er-Jahren des 20. Jahrhunderts – und die waren ja auch nicht alle für Ludwig Erhard ausgesägt.

Vase mit Geschichte: die Reliefs erzählen die Fabel vom Fuchs und vom Storch.

Die Legende lügt. Der Nierentisch wurde nicht wegen der Leibesfülle des „dicken Friedrich" erfunden.

Historische Haussprechanlage: der Glockenschlag ruft die Bedienung herbei.

Die allzu menschlichen Bedürfnisse der Königin

Gesichert ist hingegen, dass die württembergischen Herrscher einen Hofstaat von beträchtlicher Größe unterhalten haben. Bis zu 1 800 Personen soll allein Herzog Carl Eugen um sich geschart haben. Ein wenig bescheidener waren später König Friedrich und seine Gattin Charlotte Mathilde. Einem gesunden mittelständischen Unternehmen würde im heutigen Musterländle aber auch ihre Mitarbeiterzahl gut zu Gesichte stehen.

Überhaupt war die Tüftelei, welche den unternehmenden Schwaben allenthalben nachgesagt wird, schon zu Charlotte Mathildes Zeiten weit verbreitet. Sicher, einige der bahnbrechenden Erfindungen – ob es sich um Gottlieb Daimlers Automobil oder Hans Klenks Toilettenpapier handelt – sind erst in modernen Tagen gemacht worden. Wenn es aber darum ging, einen kurzen Draht zwischen Herr- und Dienerschaft herzustellen, ließen sich die Menschen auch schon so manches in früheren Zeiten einfallen.

Zum Beispiel eine Glocke. Geläutet wurde sie vorzugsweise von Charlotte Mathilde, die nach dem Tode ihres Gatten ihren Witwensitz in Ludwigsburg beließ. Allerdings lebte sie nicht mehr in dem Prunk, der den Hof zu Lebzeiten König Friedrichs ausgezeichnet hatte. So nahm sie ihre Mahlzeiten meist nicht mehr im Speisesaal ein, sondern in ihrer Bibliothek, im so genannten Sommerarbeitszimmer oder den daran angrenzenden Gemächern. Überall dort hatte Charlotte Mathilde einen Klingelzug, den sie zog, wenn sie einen Wunsch hatte. Über eine spezielle Drahtverbindung war dieser Klingelzug an eine Glocke angeschlossen, deren Geläut wiederum das Zeichen für die Dienerschaft war, zur erlauchten Hoheit zu eilen, um deren Wunsch zu erfüllen.

Oft war es schlicht ein heißes Getränk, nach welchem es die Königin dürstete. Warm gehalten wurde der Trank auf einem Rechaudofen aus Gusseisen, der sich in den Räumen der Dienerschaft befindet, die an das Appartement der Königin Char-

Das Appartement der Königin

lotte Mathilde anschließen. Auf einer waagrechten Platte konnten Teller, Tassen und Töpfe abgestellt werden, was durchaus praktisch war in Anbetracht einer doch 200 Meter zählenden Distanz zwischen dem Küchenhaus und dem Domizil der Königin.

Bisweilen plagten die Könige aber auch allzu menschliche Zipperlein. Wenn etwa das Innere mal nicht so wollte, wie es sollte, gab es schon zu Zeiten der Monarchie in Württemberg verschiedene Möglichkeiten. Und weil Verdauungsprobleme seit jeher universell sind, existieren gar viele Ratschläge und Hilfsmittel auf diesem Globus. Doktor Grabow in Thomas Manns Roman „Die Buddenbrooks" verschrieb der Familie, wenn sie mal wieder zu Festlichkeiten kulinarisch über die Stränge geschlagen hatte, eine Diät, die aus zartem Taubenfleisch und Weißbrot bestand, wohl wissend, dass seine regelmäßige Bitte um Zurückhaltung beim Genuss auf wenig fruchtbaren Boden fiel. Im Übrigen handelt es sich dabei um die gleiche Diät, der sich auch Charlotte Mathilde nach ihrer Schwangerschaft unterziehen musste.

Wenn alles nicht mehr half, kamen weniger erbauliche Methoden zur Anwendung. Im Schlafgemach der Königin Charlotte Mathilde lagert jedenfalls ein Klistier, das im Falle königlicher Verdauungsprobleme eingesetzt wurde.

Wenn's dann knapp wurde, hatten die Diener eine Sitzgelegenheit der besonderen Art herbei zu schaffen: den Leibstuhl der Königin. Optisch mochte das Möbel zwar nicht so recht zum restlichen Intérieur passen, seinen Zweck aber erfüllte es. Das Polster ist abnehmbar, darunter befindet sich ein Loch, das wiederum Platz bietet fürs Töpfchen. Im Schloss gingen also die hohen Bewohner nicht etwa auf die Toilette. Vielmehr wanderte die Toilette dorthin, wo sich die Fürsten aufhielten.

Doch es könnte auch Ausnahmen gegeben haben. Jedenfalls existiert im Schloss ein stilles Örtchen, das nur über die Gemächer der Königin zugänglich und bis heute ein Mysterium geblieben ist. Kein Mensch weiß, wann und warum die Toilette eingebaut worden ist. Möglicherweise hat sie einer

Schneller Brüter: die Heizplatte des Rechaudofens hält die Speisen warm.

Drei Variationen eines drängenden Themas: auch für hochmögende Bewohner des Ludwigsburger Schlosses manchmal ein Muss.

Kammerzofe zur Erleichterung verholfen, aber auch das ist nur eine Gerücht. Die Geschichte des Alltags ist eben nicht allzu oft ein Thema der exakten Wissenschaft – zumal dann nicht, wenn es um die leiblichen Bedürfnisse geht.

Ein Traum ganz in Rot

Strenge Regeln gab es dennoch auf vielen Ebenen, in allen Lebenslagen, manchen Professionen, vor allem auch in der Architektur. Die Symmetrie ist das bestimmende Element der barocken Baukunst. Daher befindet sich das Schlafzimmer der Königin im Neuen Corps de logis genau dort, wo es hingehört. Während das Schlafgemach des Königs im Westflügel vom Marmorsaal in der Mitte aus gesehen das vierte Zimmer ist, hat die Königin ebenfalls im vierten Zimmer geschlafen – allerdings im knapp hundert Meter entfernten Ostflügel.

Die heutige Dekoration mit ägyptischen Elementen – eine Mode, die in der Wende vom 18. zum 19. Jahrhundert durch die napoleonischen Feldzüge im Orient eine Blüte erlebte – entstand im Jahr 1824. Charlotte Mathilde war damals bereits seit acht Jahren Witwe. In dieser Zeit wurden auch der Behang der Alkoven und des Bettes, die Supraporten oberhalb der Türen und der Kanonenofen gefertigt. Als Gegenstück zum Ofen wurde ein Sockel

Das Appartement der Königin

mit einer Statue vom Hofbildhauer Johann Heinrich Dannecker aus den Jahren 1790 und 1791 installiert. Wie gesagt: was zählte, war die Symmetrie.

Und manchmal auch das Geld. Zwar sind die Monarchen oft Diven gewesen, die ihre Erhabenheit gerne bewunderten – und bewundern ließen. Für die Betrachtung des eigenen Antlitzes waren die Schlossherren aber auf ein Utensil angewiesen: den Spiegel. Die Herstellung derselben war so teuer und aufwendig, dass selbst die Herzöge und Könige gut

Historisches Recycling – das teure Spiegelglas wurde gehegt, gepflegt und geflickt.

haushalten mussten mit dieser Ware der menschlichen Eitelkeit. So ließ bereits der Schlossgründer Eberhard Ludwig, als in seinem Auftrag das Neue Corps de logis erbaut wurde, einige Spiegel aus dem alten Teil des Schlosses ab- und in jenen neuen Gemächern wieder aufhängen, die später von Königin Charlotte Mathilde bewohnt wurden. Die Lücken, die so entstanden, wurden meist mit Bildern zeitgenössischer Hofmaler gefüllt. Die Spiegel wiederum mussten an ihrem neuen Platz durch eine spezielle Fugenmasse miteinander verbunden werden. Nur so konnten die großen Flächen entstehen, die Seine Durchlaucht brauchte, um sich standesgemäß zu betrachten.

„An ihr nicht schönes Gesicht gewöhnt man sich rasch"

HOFGEFLÜSTER
Von Ulrich Krüger

Es lassen sich zu allen Zeiten mannigfaltige Gründe aufführen, die für eine Eheschließung zwischen zwei Menschen sprechen. Und es kann durchaus von Vorteil sein, wenn man denjenigen vorher schon kennen gelernt hat, dem man sich später mit einem einzigen Ja zur Treue verpflichtet. Unabdingbar aber ist das nicht.

Als jedenfalls Friedrich von Württemberg 1795 nach dem Tod seines Onkels Herzog Ludwig Eugen zum Erbprinzen aufgestiegen ist, ergibt sich für ihn die Notwendigkeit für eine zweite Hochzeit. Um die auf ihn zukommenden Repräsentationsaufgaben als zukünftiger Herzog standesgemäß erledigen zu können, benötigt er zwingend eine Gemahlin an seiner Seite.

Doch seine erste Frau Auguste Karoline Friederike Luise zu Braunschweig-Wolfenbüttel war mit nur 26 Jahren nach der Trennung von Friedrich 1788 unter unglücklichen Umständen in Russland gestorben. Um die Erziehung der drei Kinder kümmert sich Friedrich schon seit der Trennung alleine.

Sein ehemaliger Schwiegervater, Herzog Karl II. von Braunschweig-Wolfenbüttel, tritt als Vermittler auf. Er, der selbst mit Auguste, einer Prinzessin von Großbritannien, verheiratet ist, will dem Württemberger eine hochkarätige Partie aus dem britischen Königshaus verschaffen. Als Brautwerber wird schließlich 1795/96 Friedrichs bester Freund, Graf Friedrich Carl von Zeppelin, nach London geschickt. Im August 1796 schreibt Friedrich seinen ersten Brief an seine zukünftige Gattin und drückt darin sein Glück und seine Zufriedenheit aus.

Nun endlich, so notiert er, sei er am Ziel seiner Wünsche angelangt.

Am 15. April 1797 wird Friedrich von König Georg III. in England herzlich im Queen's House, dem heutigen Buckingham Palace, begrüßt und anschließend seiner Braut vorgestellt. In einem Brief berichtet Friedrich seinen Eltern von diesem Treffen:

„Ich habe allen Grund, mit diesem ersten Kennenlernen sehr zufrieden zu sein. Nach den ersten Augenblicken verlor sich die Verlegenheit fast ganz und man plauderte sehr natürlich." Friedrich beschreibt seiner Mutter seine mit 30 Jahren nicht mehr ganz junge Braut Charlotte Auguste Mathilde als „groß, gut gebaut und vollschlank". Sie habe „einen frischen Teint, regelmäßige Gesichtszüge, und an ihr nicht ausgesprochen schönes Gesicht gewöhnt man sich rasch".

Damit sind alle Voraussetzungen erfüllt. Am 18. Mai 1797 findet in der Schlosskapelle von St. James die Trauung statt.

So romantisch wie bei den Porzellanfiguren des 18. Jahrhunderts ging es bei Königs nicht zu. Die Heiraterei war ein politisches Geschäft.

Mesdames et Messieurs – die Hofgesellschaft beliebt zu speisen. Wir schauen den Herrschaften über die Schultern, in die Schüsseln, auf die Löffel. Wir haben für einen Abend wieder Leben in den fürstlichen Speisesaal gebracht: Nehmen Sie teil an einem Schauspiel, wie es einst die Herzöge genossen haben mögen.

Kulinarische Leibesübungen

Die fürstliche Tafel – kein reines Vergnügen für den Herrscher

Mesdames et Messieurs, es gibt Anlass zu feiern! Wir sind nunmehr im Marmorsaal angelangt, einem der prachtvollsten Räume im Schloss; einem Raum, der zum Feiern gemacht ist. Also wollen wir das tun, in einer Art, wie es Eberhard Ludwig, Carl Eugen oder der beleibte König Friedrich vielleicht auch getan hätten: mit einem fürstlichen Schmaus, einem herrlichen Trank und netten Geschichten an einer groß angerichteten Tafel. Dazu muss man wissen, dass wir uns mit dieser Form der Zeremonie auf historisch fundiertem Grund bewegen. Denn im 18. Jahrhundert war es an den Höfen der europäischen Regenten durchaus üblich, dass die Monarchen öffentlich speisten und sich dabei beobachten ließen. So ist etwa vom Aufenthalt des dänischen Königs Christian VIII. in London im Jahre 1768 überliefert, dass der Monarch „den Englischen Damen erlaubte, durch sein Zimmer zu gehen, wenn er bey Tafel saß."

"Vom Mittelalter bis zum Ende des 19. Jahrhunderts", schreibt die Historikerin Michaela Völkel, „war das öffentliche Speisen der europäischen Fürsten ein detailliert reglementierter Vorgang, in dem sich die Hauptdarsteller dem Hofstaat und allen Neugierigen regelmäßig zur Schau stellten. Der herausgehobene, ja auratische Status des Regenten kam dabei ebenso sinnfällig zum Ausdruck wie der Rang der am Zeremoniell beteiligten Hofadeligen."

Für Kaiser und Päpste, Könige und Kardinäle ist das Speisen eine Leibesübung gewesen, die primär im Dienste der politischen Kommunikation stand und bei der man sich ebenso zusehen lassen wollte wie musste: „Indem der Fürst den Hunger seines natürlichen Körpers stillte, erhielt er auch seinen politischen Körper. Die Anwesenden wurden Zeugen eines Schauspiels, dem durch den Einsatz zahlreicher Requisiten und Gesten der Charakter einer kultischen Handlung verliehen wurde. Der Fürst saß allein oder im Kreis engster Vertrauter schweigend am Tisch. In dessen Nähe durften sich nur die Inhaber höchster Staats- oder Hofämter begeben, die ihren Dienst oft kniend versahen."

Vielerorts kam der Hofstaat nur zu den Mahlzeiten weit gehend geschlossen zusammen, und für jeden Anwesenden offensichtlich teilte sich die Gesellschaft in drei Ebenen: die der bloßen Zuschauer am Tafeltheater, die der in den Tafeldienst eingebundenen Assistenten und schließlich die Gruppe der Günstlinge, welche vom Fürsten an die Tafel gebeten wurden. „Auf diese Weise", vermerkt Michaela Völkel, „ließ sich das soziale Ordnungssystem Hof in symbolischer Form demonstrieren, ständig neu bestätigen und gegebenenfalls strategisch umstrukturieren." Daher musste sich der Hofstaat „täglich als eine Gemeinschaft von Ungleichen erleben, die zugleich von fixierten Privilegien und wankelmütigen Gunstbeweisen konstituiert wurde."

Von der gewöhnlichen Tafel des Ludwigsburger Schlossgründers Eberhard Ludwig erzählt der Chronist Baron von Pöllnitz: „Die herzogliche Tafel ist prächtig und wohl zubereitet. Es besteht dieselbe ordentlich aus 16 Personen. Der Herzog sitzet dabey zwischen Ihro königlichen Hoheit (die Schwiegertochter des Herzogs, Henriette Marie von Brandenburg-Schwedt, Anm. der Red.) und Ihro Excellenz (diese Anrede beansprucht die herzogliche Maitresse Wilhelmine von Grävenitz), die Cavaliers aber nach dem Rang, welche ihre Bedienungen ihnen anzuweisen, und die Damen folgen dem Rang ihrer Männer."

Das Abendessen beginnt am frühen Morgen

Noch ist es früh am Tage, doch die herzogliche Jägerei hat ihr Werk bereits vollbracht und ihren Beitrag zur fürstlichen Tafel geleistet. Im Morgengrauen haben die Jäger sich aufgemacht, nun kommen sie mit einem Reh, einem Wildschwein und einem Hasen zurück. Das Wild geht in den Küchenbau, wo kundige Hände aus den erlegten Tieren erlesene Speisen zaubern werden.

Nur nebenbei sei erwähnt, wie bedeutend und hoch angesehen das Jagdwerk war, was nicht zuletzt auf die waidmännische Leidenschaft der württembergischen Herrscher zurückzuführen ist. Besonders stolz war beispielsweise Herzog Eberhard

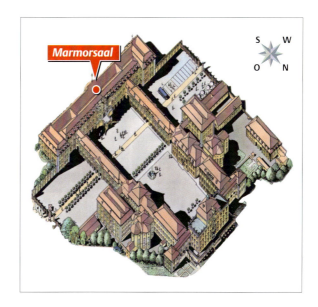

Vom Wald auf den Tisch: kein Untertan hatte das Recht darauf, Hochwild zu jagen. Das stand allein dem Herzog zu.

Ludwig darauf, dass er den Titel des kaiserlichen Reichsjägermeisters führen durfte.

Auch die Mägde haben viel zu tun an solch festlichen Tagen. Nach Karpfen verlangt der Küchenchef, doch die Tiere tummeln sich noch immer im frischen Wasser, das aus den Quellen der südlichen Stadt stammt und von dort aus, übrigens bis zum heutigen Tag, hinübergeleitet wird ins herzogliche Fischhaus, welches sich selbstverständlich neben dem Küchenbau befindet.

Von dort aus hinüberzugelangen in den prächtigen Saal, wo die hochmögende Gesellschaft des Herzogs an Festtagen zu dinieren beliebt, ist ein beschwerliches Unterfangen. Mit allerlei erlesenen Speisen beladen, kann der Weg fürwahr zur Pein werden – zumal der Maître d'hôtel peinlich darauf bedacht ist, dass selbst die Prozession der Diener nach rechter Ordnung und in der gebotenen Geschwindigkeit vonstatten geht; schließlich wollen die Herrschaften nicht mit Kaltschalen versorgt werden, sondern mit heißen Leckereien. Das gelang freilich nicht immer, wie Zeitgenossen überliefert haben. Vom preußischen Königshof weiß man, dass an strengen Wintertagen die Suppe auf der fürstlichen Tafel schon mal eine Eisschicht tragen konnte.

Dennoch: Monsieur Massonneaux – so hieß der Maître d'hôtel zu Zeiten des Herzogs Carl Eugen – führt ein strenges Regiment. Fast militärisch geht es zu in der Küche, in der damals folgende Personen beschäftigt sind: vier Küchenmeister, zwei Küchenschreiber, acht Mundköche (darunter vier Franzosen), jeweils ein Bratenmeister, Backmeister,

Die fürstliche Tafel 63

Frische Fische in Lebendhaltung. Bis heute fließt das Wasser durch das Fischhaus des Ludwigsburger Schlosses.

Koch, Ritterkoch, Salzkoch und Hofmetzger. Dazu 15 Küchenknechte, Jungen und Mägde. In der Conditorei zaubern „ein Hofcanditor mit einem Gesellen und noch vier Leuten" sowie ein „Provisionneur". Im Weinkeller sind ein „Hofküfer, ein Hauskeller mit zwei Knechten und zwei Mundschenken" an der Arbeit. Außerdem gibt es einen Hofbäcker und einen Afféesieder.

Dass die Küche abseits des eigentlichen Schlosses erbaut worden ist, hat übrigens einen ebenso einfachen wie einleuchtenden Grund. Dort hantieren die Köche mit offenem Feuer, und das Risiko eines ausbrechenden Brandes, der auf die herzoglichen Gemächer im Schloss übergreifen könnte, war viel zu groß, als dass man es im eigenen Haus eingegangen wäre.

Der Ruf des Hofmarschalls

Nun ist es soweit. Nachdem sich die Hofgesellschaft noch in der abendlichen Luft im Südgarten des Schlosses verplaudert hat, sammelt man sich jetzt im großen Saal zur fürstlichen Tafel. Gerufen werden die Gäste des Herrschers vom Hofmarschall. Er bekleidet eines der höchsten Ämter, die innerhalb des Landes zu vergeben sind. Seine Funktion ist mit der eines technischen Direktors zu vergleichen. Zu seinen Aufgaben gehört der reibungslose Betrieb der Hofhaltung, aber auch die Wahrung der Etikette. Schließlich ist der Alltag am Hofe eines Fürsten alles andere als spontan. Was für den fürstlichen Haushalt richtig ist, gilt auch in der großen Diplomatie: Wenn

Die Prozession zur Tafel: der weite Weg der Speisen beginnt beim Küchenbau.

Die fürstliche Tafel

„Veuillez entrer" – der Hofmarschall gibt das Zeichen zum Eintritt.

Mit strengem Blick achten die Hofschranzen darauf, dass die Etikette gewahrt bleibt.

sich zum Beispiel zwei Fürsten begegnen, haben sich ihre jeweiligen Hofmarschälle zuvor über das Zeremoniell ins Benehmen zu setzen. Treffen zwei gleichrangige Potentaten aufeinander, gehen sie in gleich abgemessenen Schritten aufeinander zu. Besteht hingegen ein Standesunterschied, muss festgelegt werden, wer wem mit wie vielen Schritten entgegenzugehen hat. Da kann der Herzog schon mal einen wirklich bedeutenden Fürsten bereits vor den Stadttoren abholen. Wenn der Kollegenbesuch allerdings von niederem Rang ist, kann es ihm ergehen wie dem Grafen von Hohenlohe-Weikersheim, der selber seinen Weg ins Schloss finden muss, ehe ihn der vergleichsweise mächtige württembergische Herzog im Audienzzimmer wahrnimmt.

Zurück zum Alltag des Hofmarschalls: Amtshalber besitzt er etwas, das ihm viele am Hofe neiden – den uneingeschränkten Zugang zum Fürsten. Entsprechend umkämpft ist das Amt und die damit verbundene Machtfülle. Aus der Zeit des Schlossgründers ist etwa die Fehde überliefert, die sich zwischen dem Hofmarschall und der Maitresse abgespielt hat. Georg Friedrich Forstner von Dambenoy war der Jugendfreund des Herzogs Eberhard Ludwig. Mit subtil gestreuten Gerüchten und Sticheleien versuchte er, die Grävenitz vom Hof zu verdrängen. Die Rivalin giftete zurück, weshalb der Herzog begann, über die vermeintliche Misswirtschaft am Hof zu poltern.

Letztlich erwies sich die erfahrene Maitresse als die gewieftere Intrigantin. Sie ließ sich von zwei Ärzten attestieren, dass sie an den Folgen eines Giftanschlags erkrankt sei, und, was Wunder: der Verdacht fiel auf den Oberhofmarschall Forstner. Dieser musste sich, nachdem er unter anderem wegen Majestätsbeleidigung angeklagt worden war, nach Frankreich absetzen. Die höfischen Intrigen hatten ihm die Karriere und seine gesellschaftliche Existenz ruiniert.

Das Essen auf dem Teller ist nur ein kleiner Teil des Ganzen: Wenn der Hof zusammen kommt, geht es nicht ohne schiefe Blicke, Getuschel und Gerüchte.

Der Glanz der Feste

Doch solche Geschichten gehörten zum Alltag in einer Welt, in welcher der Schein häufig entscheidender war als das Sein. So findet sich in den Akten, wie Eberhard Ludwig im Jahre 1722 zu Ehren seines Namenstages eine so genannte Inventionstafel aufbauen ließ. Der Saal war wie ein See ausgestaltet, aus dem an vierzig Stellen Wasserstrahlen empor schossen. Zwischen denselben schwammen Enten und Fische, während ein exotischer Garten aus Pomeranzen- und Zitronenbäumen die Tafel umgab.

Kulinarisches Schaulaufen – was die Künstler der Hofküche zaubern, musste bisweilen besser aussehen als schmecken.

Noch verrückter hielt es Herzog Carl Eugen am 17. Februar des Jahres 1763 bei seiner berühmten mehrtägigen Geburtstagsfeier. „Mehr als sechszig Wagen", berichtet der bezahlte Chronist und Hofbibliothekar Uriot, seien des Abends von Stuttgart aus ins Schloss nach Ludwigsburg gefahren. Der Herzog empfing seine Gäste vor der Orangerie, die sogleich besichtigt wurde. Da die Bewunderung dieses Prachtstücks kaum enden wollte, verließ die Gesellschaft „solche mit einer Art von Unwillen, und gieng durch die Gemache, durch welche man in den grossen Marmorsaal gelanget. Man fand daselbst eine grosse prächtig gedekte Tafel, wunderte sich aber ungemein, die Schüsseln alle leer anzutreffen. Dieser artige Umstand erregte den Verdacht, daß Se. Herzogliche Durchlaucht einen andern Plaz, das Festin darinnen zu beschliessen, hätten zurüsten lassen."

So folgte die Gesellschaft dem Herzog nach diesem Scherz in den Gardesaal. Nachdem von hier aus der zunächst noch von künstlich hergestellten Wolken verdeckte Blick in den Innenhof freigegeben wurde, stand vor den Augen der Anwesenden ein „Palast der Pracht". „Das durch diesen Anblick überraschte Aug konnte anfangs dessen Glanz nicht ertragen, und die Vernunft geriet in Versuchung zu zweifeln, ob ihre Entzückung nicht von einem Blendwerke herrühre, das eine Zauberkraft verursacht hätte", schreibt Uriot. Der Chronist schildert den „Palast der Pracht" so detailliert, dass später sogar eine Skizze davon angefertigt werden konnte. Im Zentrum des Palastes stand demnach der Olymp, der von herzoglichen Musikern bevölkert wurde, die als Götter ausstaffiert waren.

Zudem waren im Palast die vier Elemente und die vier Jahreszeiten an verschiedenen Orten parallel in kleinen Szenerien dargestellt. Während die Götter Sinfonien Jommellis spielten, führte Carl Eugen die „Gäste an allen merkwürdigen Orten des Palastes herum". Erst als alles „sattsam bewundert" war, wurde gespeist: 31 Personen hatten die Ehre, an der herzoglichen Tafel im Kuppelsaal Platz zu nehmen; weitere 400 Couverts waren in verschiedenen Räumen im Palast verteilt.

Menschliche Menagerie

Gerne hielten sich die Fürsten auch extraordinäre Menschen, die sie ausstellten wie Jagdtrophäen, Kunstwerke oder Rassepferde: Mohren, Türken, Riesen, Bucklige. Ein Signet der fürstlichen Machtvollkommenheit war das – und für die eine oder den anderen möglicherweise Inspiration für eine nächtliche Fantasie.

Ohnehin war die Zusammenkunft bei Tisch ein willkommener Anlass, sich über den neuesten Klatsch bei Hofe auszutauschen. Zur Zeit von Herzog Carl Eugen war sogar der Blick unter den Tisch lohnend. Bei manchen Damen konnte der höfische Detektiv verdächtig blau leuchtende Schuhe entdecken. Und die waren ein untrügliches Zeichen dafür, dass die betreffende Dame sich gegenwärtig der Aufmerksamkeit des Herrschers erfreute.

Im Württemberg des Carl Eugen waren es in der Regel Sängerinnen, Tänzerinnen oder Schauspielerinnen, die, mit entsprechenden Bühnenverträgen versorgt, ihre Auftritte auch des Nachts im fürstlichen Schlafgemach hatten. Damit jeder Bescheid wusste, welche Dame nun tatsächlich dem Fürsten zu Diensten war, trugen selbige in der Öffentlichkeit

Durch viele Hände muss er gehen, bis der Herzog ein Stück vom Neckarfisch auf dem Teller hat.

blaue Schuhe. Es war wie ein Orden, eine erotische Nahkampfspange sozusagen. Wie weit diese bis heute mit moralischer Süffisanz erzählte Geschichte der Realität entspricht? Die Zeugen leben schon lange nicht mehr.

Weit weniger vergnüglich hatten's die Herren, die das Privileg genossen, den Herzog und seine Gesellschaft bedienen zu dürfen. Natürlich handelte es sich, zumindest bei den Aufgaben nahe am Leib des Souverän, nicht um Personal von niederem Stand oder gar bürgerlicher Herkunft. Gott bewahre, nein! Selbstverständlich waren auch die Kammerherren und die Junker von adligem Geblüt, was sie nicht nur in ihren Manieren demonstrierten, sondern auch in ihren Worten. Man sprach sogar am schwäbischen Hofe Carl Eugens gelegentlich Französisch – oder gab sich zumindest Mühe.

Was die Kammerherren zu tun hatten, geht aus dem Einstellungserlass des Kammerjunkers Carl Adolph von Bose hervor, der am 11. Februar 1756 in die Dienste des württembergischen Herzogs Carl Eugen trat. Einen Eid hatte von Bose zu leisten, in dem er sich unter anderem zu lebenslanger Verschwiegenheit ob all der Ereignisse verpflichtete, die er womöglich per Zufall oder durch Indiskretion erfahren sollte. Aber auch anderen durfte er „keineswegs gestatten, daß in Unßern Zimmern allzu laut gesprochen oder sonsten Tumult verführet werde, als welches nicht nur wider Unßern Fürstl. Respect, sondern auch wider allen Wohlstand ist."

Das wirkliche Leben und die täglichen Pflichten des Kammerjunkers von Bose wurden von Paragraf 7 an geregelt. So hieß es dort: „Wann Wir ofentlich speißen und Tafel halten, so prosentiret (präsentiert) Uns Unßer Cammerherr vorderist das Waßer, Unßer Cammerjuncker aber, wann er Dienst hat, nimmt Unß den Huth hinweg, und gibt Uns denßelben nach geendigter Tafel hinwiederum." Im Übrigen hatte der Kammerjunker in der Suite des Hofmarschalls sich an die herzogliche Tafel zu begeben und „so lang hinter denen Fürstl. Personen stehen zu bleiben, biß der Hofmaréchal und der Rayßmaréchal servirt haben werden". Falls dem

Kammerjunker eine Tafel zur Aufsicht „anvertrauet wird", hatte er dortselbst vor allem für Ruhe und Ordnung zu sorgen.

Entscheidend aber – und darauf wurde in Paragraf 14 noch einmal verwiesen – war das eigene, untadelige Verhalten des Kammerjunkers. Er selbst nämlich, der erst nach dem Ende des von ihm zu beaufsichtigenden Speisens verköstigt wurde, „solle auch hinter Unßerer Fürstl. Tafel keine Gesundheitsgläser austrincken noch gegen andere dergleichen Zutrincken anfangen, sondern sich aller guten und einem Cavalier wohlanständigen, ja nöthigen Manieren und Qualitoten befleißigen, damit Wir Ursache haben mögen, solches in Gnaden zu erkennen" – soweit das Zitat.

Die Menge macht's, aber nicht alles muss gegessen sein. Der Herzog beeindruckt seine Gäste mit einem Feuerwerk von Augen- und Gaumenerlebnissen. Ob die vielen Gänge eines solchen Essens zueinander passten, darf getrost bezweifelt werden.

Bewundern Sie, Mesdames et Messieurs, das Meisterwerk, das unser Maître de Cuisine zu des Herzogs Freude geschaffen hat. Ein Neckarlachs ist das, und die Haut ist ihm vom zarten Leib geschält – so, wie's Seine Durchlaucht später mit dem Kleid seiner Auserwählten tun wird, wenn ihm der Sinn danach steht. Zuvor aber soll ihm der Fisch gar vorzüglich munden zum Auftakt des Diners.

Das große Fressen

Welch unschicklicher Ausflug in die Welt der Amouren, excusé. Doch erinnerten wir uns lediglich an ein Werk des Musen- und Gaumenfreunds Siegmund Gottlieb Corvinus, der sich gerne Amaranthes nannte und bereits 1712 den frivolen Liebesroman „Das Carneval der Liebe, oder Der in allerhand Masquen sich einhüllende Amor" veröffentlichte. Darin geht es um allerlei Verhältnisse, zwischenmenschlicher Art vor allem. An anderer Stelle aber widmet sich Amaranthes den unterschiedlichen Arten von Süß- und Salzwasserfischen und kommt dabei zu folgendem Schluss: „Fische, Pisces, des Poisons, sind diejenigen Wasser-Geschöpffe, welche in Küchen zubereitet, und von Menschen gegessen werden. Es giebt derselben vielerley Arten, und kan man sie nach ihren Wohnungen und Lager unterscheiden und benennen: als Meer- See- Strom- Fluß- Teich- und Bach-Fische. Alle sind nicht gesund, und muß man in Erwehlung selbiger sich dieses zur Haupt-Regul dienen lassen: Die so in steinigten, harten und frischen Wassern sich aufhalten, sind gesünder als diejenigen, so in sumpffigten und weichen oder salzigten Wassern wohnen. Jedoch halt ich davor, daß denen von der See entferneten, die See-Fische mehr schaden, als denen an der See wohnenden Leuten, und dieses ratione climatis & diversi temperamenti. Ihre Zubereitung ist vielfältig. Man pfleget selbige einzusaltzen, abzuräuchern, oder frisch zu sieden und zu braten, etc. welche bey jeglicher Sorte insonderheit wird zu sehen seyn."

Streng getrennt: der eine schneidet den Braten an, ein anderer serviert die Beilagen.

Die fürstliche Tafel

Doch nicht alle Fürsten schätzten die kulinarische Pracht im Alltag. Von Carl Eugen berichtet der Tagebuchschreiber Alexander Freiherr von Buwinghausen, Seine Gnaden sei „ein abgesagter Feind vom Trincken und verabscheuen es an jedermann". Auch beobachtete Buwinghausen, dass der Herzog seine Gäste zwar zur Mittagstafel führte, sich dann aber zurückzog, „indeme Sie kein Liebhaber von dem Mittagessen sind, sondern des Tags über einigemahl Caffée mit sehr viel Milch trincken und biss zum Nachtessen warten".

Ganz anders hielt es eine Generation später König Friedrich mit seinem legendären Leibesumfang. Beim Anblick einer gebratenen Gans soll er genörgelt haben: „Was für ein dummer Vogel ist das. Einer ist zu wenig, zwei sind zu viel." Belassen hat er's dann schließlich bei einer – und zwei Enten als Nachspeise.

Aufgeschnitten wurden die Speisen von einem eigens dazu bestellten Herrn, dem Aufschneider. Natürlich war der Mann so stolz auf seine Tätigkeit, dass er vor Bedeutung fast platzte – was dem Begriff des Aufschneiders im Laufe der Zeit eine weitere Bedeutung zukommen ließ. In seltenen Fällen durfte der Aufschneider den Braten auch servieren. Tat er das, hatte er dazu ausschließlich die rechte Hand zur Verfügung. Die Linke musste er auf den Rücken nehmen, um sich jeglichen Verdachts zu erwehren, er könne mit ihr dem Herzog ein Pülverchen ins Essen getan haben.

Möglicherweise weniger beliebt, aber dennoch auf der Fürstentafel vorhanden, waren die gesünderen unter den erlesenen Speisen, das Gemüse oder die Früchte. Kohl gab's, aber der war eher für die Untertanen bestimmt, Äpfel und Birnen auch – und Trauben natürlich. Hoch geschätzt waren die exotischen Früchte, dienten sie doch als Nachweis der herrscherlichen Pracht. Von Herzog Carl Eugen ist bekannt, dass in seinen Orangerien vor dem Schloss zur Feier seines Geburtstages am 11. Februar die Zitronen ebenso reiften wie die Orangen. Sogar Melonen und Ananas gab es: Die erstaunlichsten Früchte sind an der höfischen Tafel bekannt.

Wenn's dem Herzog schmeckt, dürfen auch die anderen Gäste der Tafel zulangen.

Ganz neu zu Zeiten von Eberhard Ludwig, aber auch noch schwer in Mode bei Carl Eugen, war die Schokolade, die zu kunstvollen Figuren geschmolzen werden konnte. Man goutierte sie aber vor allem als Zwischenmahlzeit: in heißem, flüssigem Zustand. So wertvoll und so exquisit war die Köstlichkeit, dass es sogar ein eigens dafür zuständiges Schokoladenmädchen gab, das fürs Einschenken der Schokolade besonders geschult war. Schließlich galt es, keinen Tropfen zu verschenken.

Wie die Schokolade zuzubereiten war, geht aus einem Pariser Kochbuch aus dem 18. Jahrhundert hervor: „Die Chocolat ist eine Composition von Cacao, von Vanillen, von Gewürz-Nägelein, von Zimmet, Macis und Zucker. Wenn diese wohl zubereitet ist, macht man einen Teig daraus, dessen man sich folgender maßen bedienet: Nehmet eine Chocolat-Kanne, thut Wasser hinein, lasset es sieden; zu vier Schalen voll thut ein viertel Pfund Chocolat und ebenso viel Zucker, wenn ihr ihn liebet; rühret alles um; setzet es hernach zum Feuer, und wann es steiget, so ziehet die Kanne zurücke, damit sie nicht auslauffe. Man muss sie wohl rühren, damit sie schäumet, und wenn sie schäumet, giesset sie in die Schalen. Man kann die Chocolat mit Milch anmachen, wenn man will. Man nimmt dann so viel Milch dazu, als man sonst Wasser nimmt."

Das süße Finale. Zucker ist teuer und seine üppige Verwendung ziert die Hoftafel. Der Siegeszug der Schokolade (Bild rechts) beginnt gerade erst – von den einfachen Leuten in Ludwigsburg hat zu des Herzogs Zeiten wahrscheinlich keiner je diesen Geschmack erlebt.

Die fürstliche Tafel 77

 as Fest danach

Das Fest ist tot, es lebe das Fest! Und, ja, es ist vollbracht! Die Herrschaften haben sich verzogen, sind einsam ins Bette gewankt oder zu zweit – wer weiß das schon? Tant pis, sei's drum: Jetzt muss nicht mehr Französisch gesprochen werden, und die Etikette bleibt draußen. Denn jetzt, endlich wird im Dienerschaftsraum, mitten im Bauch des Schlosses, richtig gefeiert. Nach Art des Volkes vernichteten die Mägde und Diener, was übrig geblieben war von der fürstlichen Tafel, und soll nur keiner glauben, dass dem Gesinde nach der Arbeit nicht die Kraft blieb, um sich zu vergnügen. Denn Wein tat auch beim Volke seine Wirkung, und die Köstlichkeiten aus der Küche schmeckten selbst im kalten Zustand vorzüglich – und ohne Etikette allemal besser. Was übrig

blieb, konnte man später einpacken und im Korb aus dem Schloss tragen – als Zubrot für die oft vielköpfige Familie daheim.

Denn, und das sei so kurz vor Schluss dieses Kapitels noch einmal ausdrücklich erwähnt: keineswegs waren die Zeiten der Herzöge solche, die im Volk für Hurrageschrei gesorgt hätten. Im Gegenteil. Elende Jahre waren das für viele, die Steine schleppen mussten für das Schloss oder zu Soldaten gepresst wurden. Nein, man mag diese Zeit nicht verherrlichen, sondern sich darüber freuen, dass sie vorüber ist; dass es keinen absoluten Herrscher mehr gibt, der nach Gutdünken über Wohl und Wehe seiner Untertanen entscheidet.

Hoch halten aber mag man dieses Schloss, das nun eines ist, das dem Volk gehört. 2004 war das Jahr, in dem die Menschen es endgültig in Besitz nehmen konnten. So soll nun eine Epoche begründet werden, in der dieses Gebäude endlich ist, was es so lange nicht war: ein Stein gewordenes Symbol, Kristallisationspunkt der Stadt, von Bürgern für Bürger gebaut.

Das Fest ist vorbei, es lebe das Fest! Die Reste landen zum Schluss in den Mägen, die sie viel nötiger haben. (Bild rechts)

Die fürstliche Tafel

Die versteckten Dächer des Schlosses

Es ist schon erstaunlich: Wenn man das Ludwigsburger Schloss von außen betrachtet, wirkt das Dach bemerkenswert flach für den riesenhaften Bau, der sich vor einem auftut. Nun, das hat einen einfachen Grund: Es galt als schick in jener Zeit, die Dächer der herrschaftlichen Sitze möglichst flach zu halten – ganz zu Beginn des Baus im frühen 18. Jahrhundert entschied man sich sogar für wirkliche Flachdächer, die im Stil der italienischen Palazzi gehalten sein sollten. Doch es regnete zu oft in hiesigen Gefilden, öfter als im Süden, und so begab es sich, dass die Decke des heutigen Riesenbaus so sehr aufweichte, dass sie der Feuchtigkeit nicht mehr standhielt und herunter brach.

Das Flache als Gesetz

Eine neue Lösung musste her. Die Baumeister entschieden sich für Walmdächer, die aber dennoch so flach wie möglich bleiben mussten. Also hat man gerechnet und festgestellt, dass so ein Dach wesentlich flacher sein würde, wenn der Raum, den es zu umschließen galt, schmäler wäre als die bis dato entstandenen Gebäude. Deswegen teilten die klugen Kalkulierer die Fläche schlicht durch zwei – und bauten zwei Dächer anstatt von nur einem.

Ja, man mag es kaum glauben, aber die komplette Fläche dreier Bauten des Schlosses ist durch zwei Dächer gedeckt: Theater, Festinbau und Neues Corps de logis. Das ist heute von unten kaum zu sehen. Doch just dieser Effekt war ja genau im Sinne der Erfinder.

Innovation im Schloss

Dieser optisch etwas schlicht, aber zweckmäßig gestaltete Kleiderbügel war bei seiner Einführung am Ludwigsburger Hof ein echter Fortschritt. Bis dahin hatte der königliche Kammerdiener nämlich mit einfachen Stangen zu kämpfen, von denen die aufwendigen Kleider des Königs, die sich oft durch opulente, aber aufbewahrungstechnisch widerspenstige Schulterpartien auszeichneten, immer wieder abrutschten. Das wurde mit den neuen, modernen Kleiderbügeln anders. Serenissimus selbst hat diese Bügel natürlich nie zu Gesicht bekommen. Seine Garderobe war in den Räumen der Dienerschaft untergebracht.

Kleiderbügel mit Pfiff

Ein Mann von Größe und Gewicht

Wie Herzog Friedrich II. zum ersten König Württembergs wurde

Welch herrliche Tradition ist es doch, dem Gastgeber ein Geschenk zu überreichen, wenn man ihn mit einem Besuch beglückt. Viele Varianten von Präsenten sind denkbar, Blumen vielleicht, eine Flasche Wein oder eben auch ein Abbild des eigenen Antlitzes, wenn man nur narzisstisch genug veranlagt ist.

Es wird wohl kaum einen Zweifel daran geben, dass die Diagnose Narzissmus auf einen kleinen Franzosen namens Napoleon Bonaparte zutrifft. Auch der württembergische König Friedrich kann sich ein Bild davon machen, seit Napoleon ihm ein aus Stoff gefertigtes Portrait seiner selbst im Krönungsornat übergeben hat.

Das 1809 hergestellte Stück, das bis heute im Vorzimmer des Königs im Neuen Corps de logis hängt, ist in mehrfacher Hinsicht bemerkenswert. Es entstammt einer Pariser Manufaktur der Familie Gobelin, die für diese Art von Textilien namengebend war. Nur in einer winzigen Auflage ist der Napoleon-Gobelin des Ludwigsburger Schlosses hergestellt worden; lediglich ein halbes Dutzend dieser gewebten Bilder soll es weltweit geben. Dass König Friedrich die wertvolle Gabe des französischen Kaisers entsprechend geschätzt hat, darf indes bezweifelt werden. Sicher ist dagegen, dass keine andere Person die Amtszeit des beleibten württembergischen Monarchen politisch so sehr beeinflusst

Friedrich, der letzte Herzog und der erste König von Württemberg, hat von 1754 bis 1816 gelebt.

hat wie dieser kurze Korse, der auch in Ludwigsburg Geschichte schreiben sollte – obwohl er nur wenige Tage in Württemberg verbrachte.

Das Schloss als Sommerresidenz

Dabei dachte noch kaum jemand an Napoleon, als der württembergische Prinz Friedrich Wilhelm Karl am 9. März 1790 nach Ludwigsburg kam und in der heutigen Wilhelmstraße sein Quartier bezog. Die Ludwigsburger freuten sich über den hohen Besuch, und auch dem Prinzen gefiel es in der Stadt. Die gegenseitige Sympathie trug Früchte, als Friedrich II. im Jahre 1797 zum Herzog wurde. Rasch kürte er Ludwigsburg zu seiner Sommerresidenz. Die nachfolgenden 19 Jahre seiner Herrschaft, in der aus dem Herzog erst ein Kurfürst und später gar ein König wurde, brachten der Residenzstadt viel Licht – aber auch viel Schatten.

In wirtschaftlicher Hinsicht profitierte die Stadt zweifellos davon, dass der Hof damals gewöhnlich von Mai bis September eines jeden Jahres in Ludwigsburg residierte. Ebenso brachten die umfangreichen Umbauten in den Ludwigsburger

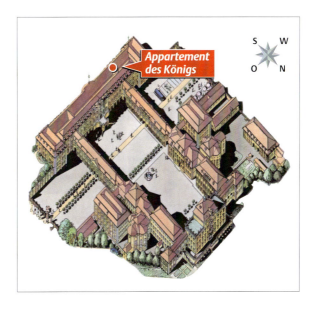

Der englische Löwe beißt den gallischen Gockel: Antonio Isopis Zimmerdenkmal ist eine sinnbildliche Darstellung der Niederlage Napoleons gegen Admiral Nelsons Flotte in der Schlacht bei Abukir.

Schlössern und ihren angrenzenden Gärten Arbeit und damit Wohlstand. Friedrich ließ seinen Architekten Nikolaus von Thouret das Favorite- und das Monreposschlösschen umgestalten. Auch im Residenzschloss wurde kräftig renoviert. Vor allem die Appartements auf der Beletage des Neuen Corps de logis bekamen eine neue Erscheinung im eleganten klassizistischen Stil.

Doch die Untertanen erlebten auf der anderen Seite die schicksalhaften Wendungen, denen die Geschicke Württembergs unterworfen waren, am eigenen Leib. So marschierten über die Jahre immer wieder napoleonische Truppen durch das Land und setzten den Herzog, der es zunächst mit den Gegnern des französischen Emporkömmlings gehalten hatte, unter Druck. Ende September 1805 schließlich geriet Ludwigsburg in höchste Not. Inmitten eines glänzenden Balls auf Schloss Monrepos platzte die Nachricht, dass französische Truppen heranrückten. Überstürzt flüchtete die ganze Gesellschaft nach Ludwigsburg ins Schloss.

Für mich – oder gegen mich

Dort erlebte die herzogliche Sommerresidenz in den Tagen darauf Weltgeschichte. Am 2. Oktober 1805 zog Napoleon zu nächtlicher Stunde in Ludwigsburg ein. Bereits am Tag darauf konferierten der Franzose und der Württemberger stundenlang hinter verschlossenen Türen. Ultimativ stellte Napoleon seinen Gesprächspartner vor die Wahl – entweder für oder gegen den Kaiser. Friedrich gab angesichts der militärischen Übermacht notgedrungen nach und schloss sich Napoleon an. Damit rettete er sein Reich zwar vor der akuten Bedrohung. Dennoch kostete sein Entschluss die Menschen in Württemberg einen beträchtlichen Blutzoll.

Denn regelmäßig hatte Württemberg in den Jahren darauf Truppenkontingente für Napoleons Feldzüge zu stellen. Württembergische Soldaten kämpften 1806 in Schlesien, 1812 marschierten sie

Der Kaiser in Textil: Napoleon brachte sich einfach selbst mit bei seinem Besuch in Ludwigsburg – als Gobelin.

mit den napoleonischen Truppen nach Moskau. Ludwigsburg wurde in diesen Jahren zum ersten Waffenplatz des Landes. Zugleich ächzte die Stadt unter drückenden Sonderkriegssteuern und der Versorgung verletzter Soldaten in den Lazaretten. 1806 erhielt Friedrich von Napoleon die Belohnung für seine Gefolgschaft: die Königswürde und die Unabhängigkeit des Landes.

Kunst gewordenes Zeugnis einer Niederlage

Und doch blieb Friedrichs Verhältnis zu Napoleon ambivalent – da reicht ein Blick auf die frisch gekürte württembergische Königin, die eine britische Prinzessin war. Bis heute gibt es sogar einzelne Gegenstände im Ludwigsburger Schloss, die sinnbildlich stehen für diese innere Zerrissenheit des Königs – jene Alabasterskulptur etwa, die der aus Rom stammende Hofbildhauer Antonio Isopi zu Beginn des 19. Jahrhunderts erschaffen hat. Zu sehen ist ein triumphierender britischer Löwe und ein darnieder liegender gallischer Hahn, der an ein Ereignis erinnert, das Napoleon am liebsten aus seinem Leben gestrichen hätte.

Isopi erzählt in diesem Werk die Geschichte der Schlacht bei Abukir, bei der die englische Flotte unter Admiral Nelson den vor der ägyptischen Küste ankernden Gegnern aus Frankreich eine verheerende Niederlage beigebracht hatte. Dabei hatte sich Napoleon so sicher gefühlt, als er zuvor im Handstreich Kairo erobert hatte und später beim Anblick der Pyramiden voller Stolz gerufen haben soll: „Soldaten, Jahrtausende blicken auf euch herab!"

Was dem kleinen Feldherrn in seinem Siegesrausch weniger bewusst gewesen sein dürfte, ist die Haltung der Briten zu dem Thema. Jedenfalls sichtete Admiral Nelson am frühen Nachmittag des 1. August 1798 die französische Flotte, die vor der

Bucht von Abukir ankerte. Nelson entschloss sich zu einem schnellen Angriff, bei dem selbst das französische Flaggschiff, mit 120 Kanonen das damals kampfstärkste Kriegsschiff der Welt, in Brand geriet. Als die Flammen die Pulverkammer erreichten, explodierte das Schiff mit einem Donnergetöse, das noch meilenweit zu hören gewesen sein soll. Der Anblick soll so erschütternd gewesen sein, dass die Seeleute beider Seiten den Kampf für Minuten unterbrachen.

Am nächsten Morgen zeigte sich das ganze Ausmaß dieser Schlacht. Einen so absoluten Seesieg der britischen Flotte hatte es selten gegeben. Nur einige kleinere französische Fregatten waren entkommen. Napoleons Armee hatte keine Verbindung zum Mutterland mehr und musste jede Hoffnung auf Nachschub aufgeben. Nelson segelte einfach davon und ließ die Franzosen wie einen Haufen Schiffbrüchiger in Ägypten zurück.

Leider ist nicht exakt überliefert, wo und wie Napoleons späterer Verbündeter in Ludwigsburg die Nachricht von der vernichtenden Niederlage aufnahm. Wie so oft sinnierte der damals noch als Herzog von Württemberg amtierende Friedrich vermutlich schon im Morgengrauen über die politischen Folgen, die auch ihn und sein vergleichsweise kleines Reich betreffen konnten.

Drei Stufen bis zur Macht

Früh, meistens gegen sechs Uhr, sei er Zeit seines Lebens aufgestanden, berichten die Chronisten. Überhaupt war er ein Mann der Ordnung und der Verwaltung. Das sollte sich später auch in den Räumen der Königswohnung zeigen, zu der zwei barocke Appartements des Neuen Corps de logis

Ein Schrank, der Raum lässt für vielerlei Fantasien. Tatsächlich verbergen sich Akten der Innenpolitik hinter dem verheißungsvollen Titel INTERNA auf der Schranktür.

Frechheit siegt: der spätere Graf Dillen.

großzügig zusammengefasst wurden. Hier konnte sich der König nach der Morgentoilette in sein Registraturzimmer begeben, wo er die Angelegenheiten seines Reiches in streng und zugleich elegant gestalteten Schränken vorfand. Für jeden Bereich der Politik gab es eigene Archive, etwa für die Finanzen, das Militär, die Außenpolitik allgemein sowie im Besonderen für die Beziehungen zum Kaiser, zu Preußen, Großbritannien und zu Russland.

Doch war Friedrich keineswegs nur ein König für die gekrönten Häupter. Bisweilen lieh er auch dem eigenen Volk sein gnädiges Ohr und gewährte selbst dem einfachen Bürger eine Audienz. Wer so weit vordrang, fand sich schließlich im Audienzzimmer wieder. Dort saß der Herrscher auf seinem Thron, der sich in vielen Details von der Umgebung abhob. Der prächtige Baldachin und die drei Treppenstufen sind nur zwei Elemente, um die Herrscherwürde zu betonen. Wichtig war auch, dass der

Thron über Lehnen verfügte – sowohl für die Arme als auch für den Rücken. Den Untergebenen waren nur einfache Sitzbänke vergönnt, während der Audienzsuchende selbst natürlich zu stehen hatte.

Graf Eseltreiber und der Zeppelin des Königs

Für jene, die ihm zu frech erschienen, hielt Friedrich nach den Audienzen ein lauschiges Plätzchen parat:

Raffiniert einfach: das Brennglas bündelt die Strahlen der Sonne und um 12 Uhr mittags knallt es.

den Hohenasperg. Doch manchmal belohnte er Menschen auch für Taten, die andere in den Kerker gebracht hätten. So jedenfalls verhält es sich im Fall des Eseltreibers Carl Ludwig Immanuel Dillenius. Während einer Kutschenausfahrt begegnete der Herrscher diesem 21-jährigen Burschen, der auf seinem Esel Milchkannen von der Meierei nach Ludwigsburg transportierte und dem Monarchen ob seiner schlanken Statur sofort auffiel. Also öffnete Friedrich das Wagenfenster und fragte: „Wohin des Wegs, ihr zwei?" „Am dritten vorbei", antwortete Dillenius und fand sich prompt am Hofe des Herzogs wieder, dem die Schlagfertigkeit des jungen Mannes gut gefallen hatte.

Innerhalb kürzester Zeit machte Dillenius Karriere, änderte seinen Namen in Dillen und wurde immer mehr zu einem Günstling des Herzogs Friedrich, der inzwischen zum König gekrönt worden war. 1810 bekam Dillen das Schlossgut Dätzingen bei Weil der Stadt als Geschenk, ein Jahr später erhielt er den erblichen Titel eines Grafen. Nach Friedrichs Tod im Jahre 1816 fiel Dillen zwar beim Thronfolger

Mehr als hundert Uhren tickten im Schloss, darunter solche Meisterwerke wie die Weltzeituhr des genialen Philipp Matthäus Hahn (oben).

Wilhelm I. in Ungnade. Friedrichs Witwe, die Königin Charlotte Mathilde, aber ernannte den Günstling ihres Gemahls sodann zum Leiter ihres Hofstaates an ihrem Witwensitz in Ludwigsburg.

Dillens Porträt hängt übrigens im Adjutantenzimmer der Königswohnung, in dem sich auch das Bild eines anderen Günstlings befindet: des Grafen Zeppelin nämlich. Dabei galt König Friedrich eigentlich als anständiger Mann, in zweiter Ehe verheiratet mit seiner Charlotte Mathilde, der er, was den Bestand der Ehe betraf, treu blieb bis zu seinem Tode. Zumindest Maitressen hatte er keine.

Tatsache ist, dass Zeppelin Erster Staatsminister des Königs war. Und Tatsache ist auch, dass Friedrich – als Zeppelin gestorben war – verfügte, dass dem Gefährten auf dem Friedhof zu Ludwigsburg ein Mausoleum gebaut werden solle. Dort liegt dieser Zeppelin, und man sagt, dass auch Friedrich dereinst dort liegen wollte. Denn das Mausoleum bietet Platz für zwei Särge und es enthält eine

Inschrift, die lautet: „Im Leben getrennt, im Tode vereint". In einer weiteren Zeile steht: „Dem vorangegangenen Freunde".

Wirklich begraben wurde Friedrich aber in der Gruft der Württemberger, die sich unter der Ludwigsburger Schlosskirche befindet. Doch die Trauer des Volkes ob des Ablebens des Königs am 30. Oktober 1816 dürfte sich in Grenzen gehalten haben. Zu vieles hatte Friedrich seinen Untertanen im Laufe der Zeit zugemutet.

High Noon oder Zwölf Uhr mittags im Schloss

Überhaupt, die Zeit. Aufwendig ist es gewesen, die Tage, Stunden und Minuten eines Lebens zu messen. Sicher, Uhren gab es schon; mehr als hundert verschiedene Exemplare sind allein im Ludwigsburger Schloss zu sehen, und es sind einige bemerkenswerte Raritäten darunter.

Ein herrliches Kleinod etwa steht am Fenster des Registraturzimmers. Eine Miniaturkanone ist das eigentlich, aber was für eine! Sie kann schießen, tut das aber nur einmal am Tag, um zwölf Uhr mittags. Denn in Wahrheit ist diese Kanone nicht nur eine Kanone, sondern auch eine Uhr – zusammengefasst also eine Kanonenuhr. Sozusagen.

Ersonnen und erbaut hat dieses Gerät der Hofmechaniker Braun im Jahre 1815. Dabei handelt es sich um eine Sonnenuhr, an der ein Brennglas angebracht ist. Wenn die Sonne um zwölf Uhr mittags durch das Brennglas scheint, entzündet sie das Schwarzpulver, das wiederum die Kanone zum Knallen veranlasst. Auf diese Weise wussten Herren und Diener jeden Tag gleichermaßen, wann Essenszeit im Schloss war.

Was aber an trüben Tagen geschah, wenn die Sonne nicht genügend Kraft hatte, um ihr zündendes Werk an der Kanone zu vollbringen, ist ungewiss. Nun, unterernährt sah König Friedrich nicht unbedingt aus mit seinen knapp 400 Pfund, die er auf die Waage gebracht haben soll. Bedauerlicherweise

Praktisch für schlaflose Könige: der Mond oder eine Kerze erleuchten die Ziffern dieser Nachtuhr.

weiß man nicht viel von diesem bis heute erhaltenen Präzisionsgerät. Man vermutet, dass Friedrichs Gattin Charlotte Mathilde die Waage aus London mitgebracht hat; jedenfalls misst sie das Gewicht nach alten britischen Einheiten. Inzwischen aber ist die Waage kaputt – Spötter glauben in Anbetracht der königlichen Masse zu wissen, warum.

Philipp Matthäus Hahn – der Uhrmacher Gottes

Es sei an dieser Stelle, da von Gewicht und Zeit die Rede ist, gestattet, eine Schlossbewohner-Generation zurückzugehen und an einen Mann zu erinnern, dessen Geist so viel Gewicht hatte, dass er durchaus als genial bezeichnet werden darf: Philipp Matthäus Hahn. Auch im Ludwigsburger Schloss zeugt eine fantastische Uhr von seiner Schaffenskraft. Nicht von ungefähr sind bis heute Gymnasien im Land nach jenem Mann benannt, der am 25. November 1739 in Scharnhausen geboren wurde und am 2. Mai 1790 in Echterdingen starb.

Dazwischen lag ein Leben, das nicht nur die Historiker des Landes beschäftigt, sondern auch die Naturwissenschaftler. Wie sein Vater sollte Philipp Matthäus Hahn zwar Pfarrer werden, was er denn auch wurde. Doch schon in jungen Jahren befasste er sich mit astronomischen und mechanischen Phänomenen. Er begann mit dem Bau eigener Sonnen- und Monduhren, Fernrohre und Mikroskope. Später konstruierte er Neigungswaagen und die ersten so genannten Weltmaschinen.

Austüfteln konnte er all diese Dinge wohl nur, weil ihm sein Beruf ein gesichertes Einkommen bescherte. Der württembergische Herzog Carl Eugen, der Hahn als den „Uhrmacher Gottes" pries, verschaffte ihm eine gut dotierte Pfarrstelle in Kornwestheim. Extra für ihn wurde ein stattliches Pfarrhaus errichtet, daneben betrieb Hahn eine feinmechanische Werkstatt.

Nur die Kirchenleitung war nicht zufrieden. Wegen angeblicher Verstöße gegen das Zensurgesetz wurde Hahn von der kirchlichen Aufsichtsbehörde gemaßregelt und dazu gezwungen, einige Äußerungen zu widerrufen. Etliche seiner Schriften wurden eingezogen. Doch Herzog Carl Eugen, selbst kein großer Freund des Klerus, hielt zu dem tüftelnden Pfarrer – obwohl der als klarer Vertreter des protestantischen Pietismus nicht einmal seiner eigenen Konfession angehörte: Carl Eugen war katholisch.

Die teuren Kerzen des Herzogs

Egal, ob evangelisch oder katholisch: wenn es Abend wurde in Ludwigsburg, verband alle Menschen die Sehnsucht nach Licht, und man hätte sich wohl auch im 18. Jahrhundert einen Schalter gewünscht, wie es ihn heute dutzendfach in jeder simplen Mietwohnung gibt. Denn es ist doch so einfach in diesen modernen Zeiten, da sich der Mensch bisweilen füh-

Strahlende Jagdgöttin im Diana-Leuchter

len darf wie ein Herrgöttle und einfach das Licht anknipst. Ganz und gar unvorstellbar war das noch zu Zeiten des württembergischen Herzogs Eberhard Ludwig vor 300 Jahren.

Etwa zehn Prozent seiner gesamten Ausgaben für die Hofhaltung musste der Herrscher für den Kauf von Kerzen einsetzen. Denn diese herzustellen war aufwendig in jenen Tagen. Als Grundstoff verwendete man Öl, Talg und vermutlich Bienenwachs. Erst in der Mitte des 18. Jahrhunderts gab es die ersten weißen Kerzen, deren Basis ein Öl war, das man aus einer Substanz im Schädel des Pottwales gewann. Davon freilich schwammen auch damals nicht viele im Neckar. Um 1850 gelang es erstmals, Rindertalg zu spalten: in Stearin und in Glyzerin. Glyzerin war ein hochwertiger Stoff, Stearin eher das Abfallprodukt. Daraus wurden Kerzen gemacht, wie sie auch heute noch bekannt sind.

Allein an einem der Leuchter, die nach wie vor den Marmorsaal bei festlichen Anlässen erhellen, brannten einst 138 Kerzen. Inzwischen tun dort elektrische Glühbirnen ihren Dienst, die jede schwäbische Hausfrau und jeder reing'schmeckte Hausmann von einem Gerät kennt, das in keiner gut eingerichteten Küche fehlen darf: Es handelt sich um Backofenlichter. Diese nämlich kommen in ihrem Schein dem einer brennenden Kerze am nächsten.

Freilich ist kaum vorstellbar, was jene Menschen geleistet haben, die den Herzögen und Königen von Württemberg einst die Erleuchtung brachten. Nahezu in jedem repräsentativen Raum des Ludwigsburger Schlosses sorgt ein eigens angefertigter Kronleuchter für das rechte Licht. Überwiegend in Böhmen, aber auch in Venedig, wurden diese Kunstwerke hergestellt, die mitunter aus mehr als 10 000 Einzelteilen bestehen. Wenn man darüber hinaus bedenkt, dass selbst ein einziger Leuchter-Kristall 42 Kanten aufweist, die jeweils dreimal geschliffen werden mussten – erst mit einem groben Sandstein, dann mit einem feineren und zum Schluss mit Lindenholzscheiben für die Politur –, dann dämmert einem allmählich, welcher Aufwand betrieben werden musste, ehe es des

Die Kerzen verbrennen etwa zehn Prozent der Ausgaben für die Hofhaltung.

Abends Licht werden konnte am Hofe. Und ganz sicher waren Schwaben auch damals schon Schwaben: Die ganz große Feschdbeleuchtung gab's nur an den hohen Feiertagen.

Eines der bemerkenswertesten Exemplare dieser Handwerkskunst befindet sich im Vorzimmer des Königs Friedrich. Der Göttin Diana ist dieser Leuchter gewidmet, der wohl um das Jahr 1810

Die starke Helene an der Seite ihres Herrn, hier vor dem Seeschloss Monrepos.

herum in Paris geschaffen wurde. Friedrichs Leidenschaft zur Jagd kommt darin wohl zum Ausdruck, was nicht nur in der feuervergoldeten Figur der Jagdgöttin mit ihren Jagdhunden manifestiert ist. Die Kerzenhalter haben obendrein die Form von Jagdhörnern, und sogar springende Hirsche und Schweinsköpfe kann das geschulte Auge in dem Lüster erspähen – und die hatten's dem Monarchen bekanntlich besonders angetan: erst in der lebenden, vor allem aber später in der gebratenen Version.

Das haben jetzt aber Majestät gesagt

Es ist ja nicht so, dass Friedrich ein Mann von schmächtiger Statur gewesen wäre. Angesichts seines Körpergewichts von bis zu 400 Pfund konnte auch das Thema Bewegung zu einem schwer wiegenden Problem werden. Glücklicherweise hatte er Helene, eine Schimmelstute, die vom Dobel stammte. Ein bemerkenswertes Pferd war das. Das Tier hatte nicht nur einen Knochenbau, der den König tragen konnte, nein, es konnte auch auf Kommando vorne auf die Knie gehen – wie ein Kamel. Diese für ein Pferd durchaus akrobatische Fähigkeit hat Friedrich natürlich das Auf- und Absteigen vor und nach dem Reitvergnügen ganz wesentlich erleichtert.

Helene wurde in Freudental zur letzten Ruhe gebettet, wo sie ein Grab mit einem eigenen Grabstein bekommen hat. Man erzählt sich allerdings, dass es jenem, der dem König die Todesnachricht zu überbringen hatte, schlecht ergehen sollte. Also entwarf der bedauernswerte Stallknecht, den das Los traf, einen knitzen Plan. Er ging zum König und sagte: „Helene frisst nicht mehr." Der König schwieg. Der Knecht legte nach und sagte: „Helene säuft nicht mehr." Der König schwieg noch immer. Der Knecht sagte: „Helene schnauft auch nicht mehr." Daraufhin entgegnete der König: „Dann ist sie ja wohl tot." Der Knecht freute sich und erwiderte: „Das haben jetzt aber Majestät selber gesagt."

In der Hitze der Nacht

In Anbetracht einer so schlechten Nachricht musste sich Friedrich erstmal setzen. Doch auch diese eigentlich recht bequeme Körperhaltung konnte anstrengend sein für einen Mann von der Größe und Masse des Königs. Im Kreuz soll's ihn jedenfalls kräftig gezwickt haben, wenn er bei Festen, Empfängen oder sonstigen Gelegenheiten lange gesessen hat. In seinem Schlafgemach steht daher ein eigens auf Friedrichs Statur angepasstes Sofa. Die Sitzfläche ist deutlich höher als gewöhnlich, und der Zustand des doch stark abgewetzten Bezugsstoffs lässt darauf schließen, dass der Monarch am liebsten auf diesem Kanapee Platz genommen hat, wenn er sich vom anstrengenden Regieren erholen wollte.

Doch selbst in seinem Schlafgemach kam der König bisweilen ins Schwitzen. Dabei war es gar nicht so einfach, die Räume in dem kalten Gemäuer zu heizen. Lange Zeit gab es Kamine, die aber ihre Hitze nicht weit genug in die Räume verstrahlten und zudem bei ungünstiger Witterung für schlechte Luft in den herrschaftlichen Gemächern sorgten. So wurden nach und nach Kanonenöfen eingebaut, deren Rauch nicht in die Zimmer zog. Dafür entwickelten diese Öfen, wenn sie hochgeheizt wurden, manchmal sogar eine zu heftige Hitze, die dem Wohlbehagen der durchlauchtigen Schlossbewohner abträglich war. In diesen Fällen hatte die Dienerschaft mit so genannten Ofenblenden Abhilfe zu schaffen. Die Blenden wurden einfach vor die Öfen gestellt und sorgten so dafür, dass Herzogin und Herzog oder auch Königin und König nicht unziemlich transpirierten.

Allerdings hielten nicht alle Öfen, was sie ob ihres schmucken Äußeren versprachen. So gab es im Audienzzimmer des Königs zwar zwei Öfen. Den rechten davon hätte man aber nur einmal anzünden

Hübsch, aber falsch: dieser Ofen ist nur eine Attrappe.

Mehr als Raumschmuck: der Ofenschirm reguliert die Hitze.

Hinter der Kulisse der Pracht verbergen sich die zugigen Plätze. Über die kleinen Balkone im Lichthof werden die Öfen der Königswohnung betrieben. Manche Heizungen waren nur über enge Gänge zu erreichen.

können; er ist nämlich aus Holz. Ja, wirklich, eine Attrappe ist's, die da steht, was letztlich zwei Gründe hat: einen ästhetischen und einen praktischen. Der ästhetische Grund besteht darin, dass der König und seine Einrichtungsexperten meinten, dass der Raum symmetrischer und schöner wirke, wenn sowohl zur Linken als auch zur Rechten des Throns Öfen stünden. Der praktische Grund hat damit zu tun, dass an der rechten Ecke schlicht kein Kamin vorhanden war, an den man einen funktionstüchtigen Ofen hätte anschließen können. Also entschied man sich für ein Imitat, das zwar schön, aber wirkungslos war.

Mit dem Thema Heizen gingen freilich noch ganz andere Schwierigkeiten einher – und die Erkenntnis, dass es, wenn man hinter die Kulissen der Pracht in der Beletage blickt, auch lausige Plätze

Das Appartement des Königs

Träume vom Campingurlaub? Im Schlafzimmer des Königs imitieren der Baldachin und die seidenen Wandbehänge ein Feldherrenzelt.

Als Kinderzimmer geplant, aber nie genutzt.

im Schloss gegeben hat. Die Heizbalkone, zum Beispiel. Sie wurden in den Lichthöfen gebaut, was an der einen oder anderen Stelle notwendig war, da die Öfen in den fürstlichen Gemächern ja nur von außen beheizt werden durften – innen wollte man kein Holz, keinen Ruß, keine Asche sehen. Allerdings gab es nicht hinter jedem Ofen einen Gang. Also wurden an den Stellen, die anders nicht erreichbar waren, diese Heizbalkone gebaut.

Oft standen die Heizer stundenlang in der Kälte, um es den Herrschaften drinnen gemütlich zu machen. Auch den Nachschub an Brennholz mussten sie von weit her holen. Das Holz lagerte in der Nähe der Küche, die wegen der Brandgefahr in einem Gebäude außerhalb des Schlosses untergebracht war.

Ein Fall für Wanzen und gekrönte Häupter

Wie gut erging es dagegen dem König, der sich sein Tagwerk selbst einteilen durfte und auch des Abends einen wunderbaren Ruheplatz aufsuchen konnte. Mit üppigen Seidendraperien wurde Friedrichs Schlafzimmer um 1811 ausgestaltet. Das Ensemble sollte den Anschein eines Zeltes unter dem freien Nachthimmel erwecken. Seit dem Ende des 18. Jahrhunderts waren solche Zeltzimmer der letzte Schrei in der hochadligen Raumdekoration.

Aber auch die Wanzen, so heißt es, hätten in dem Baldachin eine Heimstatt gefunden. Und tatsächlich haben manche Zähne – auch die der Zeit – an den Stoffen genagt, aus dem einst die herrschaftlichen Träume waren. Glücklicherweise haben die neuen Herren des Schlosses befunden, dass nicht alles perfekt und restauriert sein muss in dem barocken Gemäuer.

Die vergessene Kammer

So wird bisweilen auch der Zugang zu einem Raum geöffnet, der eigentlich geheim bleiben sollte, aber eine große Zukunft hätte haben können. Es handelt sich um ein Kinderzimmer, in welchem der Erbe des Schlossgründers Eberhard Ludwig nach seiner Geburt versorgt werden sollte. Doch dazu kam es nie, weil der Herzog und seine Gemahlin Johanna Elisabeth trotz redlicher Bemühungen keinen Thronfolger mehr zu Stande brachten – was kaum verwundert, da beide nach dem Tod des Erbprinzen Friedrich Ludwig im Jahr 1731 schlechterdings zu alt waren, als dass noch eine realistische Hoffnung auf die Geburt eines weiteren Erben bestanden hätte. Nach der nie eingetretenen Karriere als Wiege des Thronfolgers scheint der Raum generationenlang übersehen worden zu sein; seine Ausstattung ist nach wie vor die aus der Zeit des Schlossgründers, obwohl um ihn herum alles mehrfach neu ausgeschmückt wurde. Und so hat die Kammer heute vor allem die deprimierende Aura unerfüllter Wünsche.

Das königliche Missgeschick

HOFGEFLÜSTER
Von Ulrich Krüger

Als Herzog Friedrich II. am 1. Januar 1806 mit Hilfe von Kaiser Napoleon zum ersten König von Württemberg gekürt wird, formuliert er ein hehres Ziel. Jede Stadt und jede größere Ortschaft, so das Edikt, wolle er während seiner Regentschaft mindestens einmal aufsuchen, um seinen Untertanen im ganzen Land einen königlichen Besuch abzustatten.

Also erreicht er im Jahr 1809 das Schwarzwaldstädtchen Horb. Für den kleinen Ort ist dies ein ganz besonderes Ereignis. Auf dem Marktplatz drängt sich das Volk, ein Spalier von Ehrenjungfrauen erwartet den König. Seine Majestät, bis zum Ortsrand in der Kutsche angereist, reitet nun auf seiner Schimmelstute Helene auf den Marktplatz. Ein ebenso stolzer wie kolossaler Anblick ist das. Immerhin hat dieses Pferd den erforderlichen Knochenbau, um den ungewöhnlich schweren Körper des Königs zu tragen. Seine Majestät wiegt nach unbestätigten Angaben etwa vier Zentner. Unter dem Uniformrock auf dem Rücken trägt er bei offiziellen Anlässen ein Lederkorsett, in welches Bleiplatten eingelassen sind. Sie dienen als Gegengewicht für den enormen Bauch des Königs und ermöglichen es ihm, eine aufrechte Haltung auf seiner Helene einzunehmen.

Doch dann geschieht das Unfassbare. Das Pferd bleibt wie angewurzelt stehen und ist durch nichts mehr zu bewegen. Die höfische Begleitung ist ratlos. Aber letztlich ist Seine Majestät Reiter und König zugleich und hat daher selbst dafür zu sorgen, dass das Pferd weiter geht. Aber das Pferd steht, der König von Württemberg sitzt wie ein Reiterstandbild auf dem Horber Marktplatz.

Die Szene scheint wie eingefroren. Kein Laut ist zu hören, alle warten, was wohl passieren wird. Als nach einer Weile die Spannung unerträglich wird, beginnen einige Ehrenjungfrauen, hinter vorgehaltener Hand zu lachen. Ansteckend ist es, dieses Lachen, und nach und nach lacht das ganze Volk mit, schallend, über den König von Württemberg. Eine Ungeheuerlichkeit! Seine Majestät weiß natürlich, dass über ihn gelacht wird, was seine Laune kaum bessert – im Gegenteil. Die Respektlosigkeit der Bürger erregt ihn derart, dass er die Kontrolle über seine Verdauung verliert.

Wie peinlich! Zumal der für diesen Fall zuständige Diener noch nicht an Ort und Stelle ist. Man führt Seine Majestät samt der Helene vom Marktplatz. Der König wird Horb nie wieder besuchen.

Die Launen des Carlo Eugenio

Italien, Karneval, Frauen: Herzog Carl Eugen ist ein Mann mit vielen Interessen

Vielleicht darf man nicht immer die schwäbischen Tugenden vom Fleiß, Anstand und von der Sparsamkeit zum Maßstab nehmen für das Leben, das auch andere Seiten kennt: schillernde, rauschende und berauschende. Wie sonst wäre zu erklären, dass es im 18. Jahrhundert eine Stadt gab, in der die Menschen das ganze Jahr über Masken trugen? Venedig, natürlich. Die Lagunenmetropole war ein Ort der Feste, des Spiels, der Maskerade – und das nicht nur im Februar an den Karnevalstagen.

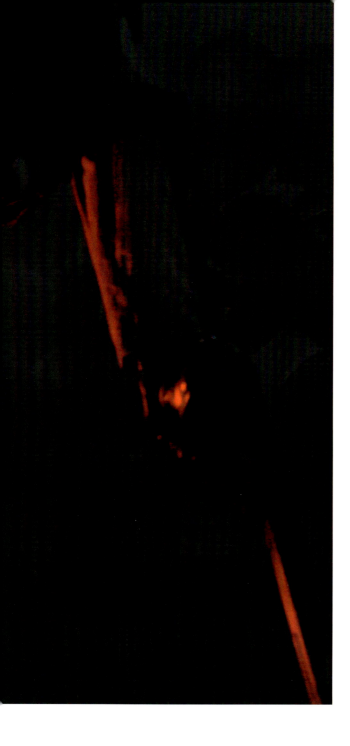

Dogen mit dem Meer, das wohl prächtigste Fest Venedigs. Wahrlich, der württembergische Herzog Carlo Eugenio führte fern der Heimat ein grandioses Leben – und vergaß darüber leicht die Armut seiner Untertanen, die in Württemberg darbten und nur eines zu tun hatten: die Launen des Herrschers zu bezahlen. Denn sogar in Venedig veranstaltete der Herzog üppige Festbankette für den Adel. Die Umschmeichelten bedankten sich ihrerseits mit typisch venezianischen Spektakeln. In den Archiven finden sich Hinweise etwa auf eine Stierhatz auf der Piazza San Marco und auf eine Regatta, die am 3. Juni 1767 zu Ehren von Herzog Carl Eugens veranstaltet worden sein soll.

Zurückgekehrt nach Württemberg, wollte der Herzog auf Venedig und seine Vergnügungen nicht verzichten. Schon 1763 brachte er zwei Gondoliere mit nach Hause und lud zu Gondelfahrten auf den Bärenseen bei Stuttgart ein. Im Februar 1768 – anlässlich seines 40. Geburtstags – ließ Carl Eugen in Ludwigsburg die erste Venezianische Messe stattfinden: ein Jahrmarkt nach venezianischem Vorbild, wie er inzwischen wieder alle zwei Jahre, jetzt allerdings im September, in Ludwigsburg gefeiert wird. Gaukler, Schauspieler und Tänzer präsentierten damals wie heute ihr Können.

Der württembergische Herzog Carl Eugen tauchte mehrfach ein in diese verwirrende und luxuriöse Atmosphäre. Viermal reiste er nach Italien, und der irrlichternde Glanz der Serenissima zog Serenissimus besonders an. Er verbrachte 1762 und 1767 mehrere Monate in der Stadt. Nebenbei bemerkt: während Carl Eugen 1762 nur von einer Maitresse, Frau Toscani, begleitet wurde, umgab er sich 1767 sowohl mit Frau Toscani als auch mit Frau Bonafini. Mit den Damen und dem übrigen Hofstaat besuchte er alles, was Venedig an Lustbarkeiten zu bieten hatte: Opern, Bälle und Empfänge, den Karneval und manche Gondelpartien, Konzerte und selbstverständlich die Sensa, die Vermählung des

Frühreifes Bürschchen: mit 16 ist der hier portraitierte Carl Eugen schon regierender Herzog und mit der Nichte des Preußenkönigs verlobt.

Von seiner eigenen Idee begeistert, rief Carl Eugen den Obermaler der von ihm selbst gegründeten Ludwigsburger Porzellanmanufaktur, Gottlieb Friedrich Riedel, herbei. Porzellanfiguren nach venezianischem Vorbild sollte Riedel erschaffen; eine Miniaturmesse sollte entstehen – so wie sie jetzt wieder im neu eingerichteten Keramikmuseum im Schloss zu sehen ist. Einzigartig, aufregend und für die damaligen Ludwigsburger sicherlich am spektakulärsten aber waren die venezianischen Kostüme und Masken, welche die adeligen Besucher des Marktes trugen. Auch diese Tradition lebt in den Venezianischen Messen der Neuzeit fort.

Das vergessene Gemach

Venezianische Festivitäten, allabendlicher Glanz im Theater, exorbitante Jagdgesellschaften: der kostspieligen Launen Carl Eugens waren gar viele. Eher als eine Petitesse darf da wohl gelten, dass der Herzog im zweiten Obergeschoss des Neuen Corps de logis ein privates Appartement einrichten, die Arbeiten daran aber kurz vor der Vollendung einstellen ließ. Der Grund: plötzlich war des Herzogs gestalterische Leidenschaft für die Solitude entflammt, das neue Appartement und das Ludwigsburger Schloss gerieten in Vergessenheit.

Am augenfälligsten ist dies im restaurierten Appartement wohl im Schlafzimmer. Auf den ersten Blick ist der Abschluss des herzoglichen Appartements nicht als Ruheraum für die Nacht zu erkennen. Das entscheidende Möbel fehlt: das Bett. Bevor das Zimmer fertig eingerichtet werden konnte, war es vorbei mit dem herzoglichen Glanz. Die Konservatoren und Restauratoren, die das Appartement in den vergangenen Jahren in seinen ursprünglichen Zustand versetzten, haben daraus die Konsequenz gezogen und darauf verzichtet, in das Schlafgemach ein Bett zu stellen, das dort nie gestanden hat.

Fürstliches Spielzeug auf höchstem Niveau. Die Porzellanfiguren der herzoglichen Manufaktur zeigen die Venezianische Messe.

Vom Vestibül zum Schlafzimmer

Eingefasst in hellblauen Farbtönen, wird dieser wunderbare Raum im Carl-Eugen-Appartement doch beherrscht vom auf die Wände gespannten roten Seidendamast, der übrigens im Zuge der Wiederherstellung des Appartements neu gewebt worden ist. Es handelt sich um das so genannte Assembléezimmer. Ein herrschaftliches Appartement der Barockzeit beginnt mit einem Vestibül, es folgen ein

Traum in Rot: das Assembléezimmer der herzoglichen Privatwohnung.

oder zwei Vorzimmer und dann das Assembléezimmer oder der Empfangsraum, in dem sich die höfische Gesellschaft zum Plaudern, Spielen und Musizieren aufhielt. Die Raumfolge geht hier weiter mit zwei Kabinetten, von denen eines im Carl-Eugen-Appartement auf Grund seiner Lage als Eckzimmer bezeichnet wird. Den Abschluss bildet das Schlafzimmer, das wir ja soeben besucht haben.

Die Ausstattung des Appartements

Wände, Decken und Möbel – alles im Appartement Carl Eugens ist kostbar und atmet den Geist üppiger Prachtentfaltung des Rokoko. An nur einigen wenigen Beispielen soll erläutert werden, was alles im Appartement zu entdecken ist und vor allem, welchen Aufwand die Restauratoren der Gegenwart betrieben haben, um das herzogliche Appartement im alten und doch ein wenig auch im neuen Glanz erstrahlen zu lassen.

Zu den Schmuckstücken im Assembléezimmer etwa zählen die Notenständer. Sie stammen tatsächlich aus der Zeit Carl Eugens, haben die Jahrhunderte im Vorraum zur Herzogsloge der Schlosskirche überdauert und sind in den vergangenen Jahren restauriert worden. Ursprünglich stammen sie vermutlich aus dem Schloss Solitude. Das Auge und wohl auch die Hand des Herrschers dürften diese Notenständer manches Mal gestreift haben. Denn Carl Eugen war ein Liebhaber von Musik, Oper und Theater. Verwendet wurden die Notenständer aber wohl auch vom berühmten Niccoló Jommelli, der lange Jahre der geschätzte Hofkapellmeister von Herzog Carl Eugen war.

Fast schon atemberaubend möchte man den Eindruck nennen, wenn man vom Assemblée- ins Eckzimmer tritt. Eine helle und fein bemalte Tapete prägt das Erscheinungsbild dieses intimeren Raums des Appartements. Und noch beeindruckter als ohnehin schon ist der Besucher, wenn er erfährt, dass die Maler der Ludwigsburger Porzellanmanufaktur diese Wandbespannung in filigraner Klein-

Da ist der Wurm drin: Die Vögel der Seidentapete folgen mitunter der Laune ihrer Maler.

arbeit von Hand bemalt haben. Kaum glaublich erscheint es, dass es den Künstlern gelungen ist, ohne Fehl die immer wiederkehrenden, fein ziselierten Motive zu wiederholen.

Der Wurm im Schnabel

Doch Halt! Wer sich die Mühe macht und die einzelnen Vögel genau betrachtet, entdeckt an einer Wand etwas oberhalb der Augenhöhe im Schnabel eines Vogels einen kleinen Wurm, den sonst kein anderer Vogel hat. Warum das so ist, darüber darf trefflich spekuliert werden. War es nun eine Unebenheit im Gewebe, die es zu kaschieren galt oder eher die Laune eines der Porzellanmaler? Vermutlich wohl Letzteres. Denn tatsächlich gibt es in der eigentlich uniformierten Vogelschar noch so manche Ungleichheit, die offensichtlich beabsichtigt ist. Welche dies sind, soll an dieser Stelle nicht verraten werden. Es darf gesucht werden.

Auch dass sich auf dem Konsoltisch im Eckzimmer eine kleine Statue des Liebesgotts Amor unter Glas befindet, fügt sich trefflich in den intimen Charakter dieses Zimmers ein. Spielende Putten auf den Gemälden und entsprechende Motive im Stuck schaffen eine Atmosphäre ausgelassener Heiterkeit, wie sie wohl bei Carl Eugen viele Male geherrscht haben dürfte. Vertrieben hat er sich seine Zeit allerdings nicht, wie es sich gehört hätte, mit seiner Ehefrau Friederike Sophie, sondern mit diversen Maitressen vom Hoftheater.

Insofern hat der Liebesgott auch noch eine ganz andere Bedeutung, und der Betrachter fragt sich unweigerlich, ob Amor mit dem Pfeil, den er gerade aus dem Köcher zieht, mal wieder den Herzog treffen will.

Einen weiteren Einblick in den Zeitvertreib der höfischen Gesellschaft bekommt der Schlossbesucher im zweiten Vorzimmer des Carl-Eugen-Appartements. Die dortigen Gemälde stellen nämlich Szenen höfischer Spiele und Lustbarkeiten dar. Dass öffentliche Bäder in Bächen stattgefunden

Der Herzog fährt in Gesellschaft. Von den Italienreisen haben sich die Listen der höfischen Spielkameraden erhalten.

haben, dürfte zwar eher unwahrscheinlich sein. Aber tatsächlich gespielt haben die Damen und Herren am Hofe das so genannte „Pieds de boeuf".

Unverfänglich hat man jeweils eine Hand auf die andere Hand gelegt und dabei gezählt. Wer als erster Neun sagte, was meist der Dame zukam, durfte das Handgelenk seines Spielpartners umfassen und drei Wünsche äußern, die der Kavalier zu erfüllen hatte. Die ungeschriebene Regel besagte zwar, dass die ersten beiden Wünsche als unerfüllbar abgetan werden durften. Beim dritten Wunsch war dies aber nicht der Fall. Es fällt nicht schwer, sich auszumalen, welche harmlosen und weniger harmlosen Flirts sich aus dieser galanten Spielerei ergeben haben mögen...

Der Aufstieg der tugendhaften Franziska

Doch dann wird ein Empfang im Jahr 1769 in Wildbad zum einschneidenden Erlebnis in dem bis dahin so unsteten Leben von Herzog Carl Eugen. Er lernt dort eine Frau kennen, die sein Leben verändert und in den kommenden Jahren seinen Weg zum guten Landesvater fördert: die 21 Jahre alte Franziska Theresia von Bernerdin, die freilich zu diesem Zeitpunkt bereits vier Jahre mit dem Ansbach-Bayreuthischen Kammerherrn Friedrich Wilhelm von Leutrum verheiratet ist.

Eigentlich ist Carl Eugens Favoritin zu dieser Zeit die Sängerin Katharina Bonafini. Sie begleitet ihn nicht nur täglich bei all seinen Unternehmungen, sondern kommt darüber hinaus unentgeltlich in den Genuss, das herrschaftliche Schlossgut Hohenheim zu bewohnen. Als Bezeugung seiner Zufriedenheit mit ihrem Benehmen gewährt der Herzog seiner Geliebten dieses Privileg – allerdings, so die Regelung, nur „solange er sie bei sich zu behalten für gut finden werde".

Die zitierte Einschränkung sollte bald zum Tragen kommen. Schon nach den ersten Begegnungen mit Franziska von Leutrum ist der Herrscher

Feuer und Flamme für die Dame und schafft jede Menge Gelegenheiten, um sie in den Reigen seiner Maitressen aufzunehmen. Franziska erwidert Carl Eugens Gefühle, stellt jedoch eine klare Bedingung: die Trennung des Herzogs von der Bonafini und den anderen Maitressen. Erst danach werde sie sich offiziell von ihrem Gemahl, dem Kammerherrn von Leutrum, trennen.

Für den ganzen Hofstaat unerwartet, versucht Carl Eugen die Wünsche dieser von tiefem Glauben getragenen und so gar nicht an das bisherige Hofleben angepassten Frau zu erfüllen. 1771 verheiratet er Mademoiselle Bonafini mit dem in herzoglichen Diensten stehenden Kammerdiener und Rittmeister von Poelzig. Gleichzeitig muss sie das Schlossgut Hohenheim zurückgeben. Ebenfalls 1771 erhält Franziska das Ludwigsburger Grävenitz-Palais und zu ihrem Geburtstag 1772 das Schlossgut Hohenheim, „aus besonderer gegen sie tragender Hochachtung", zum Geschenk. Im selben Jahr erfolgt auf Druck des Herzogs Franziskas Scheidung von dem in der Zwischenzeit ebenfalls in herzoglichen Diensten stehenden Kammerherrn von Leutrum.

1774 wird Franziska auf Betreiben des Herzogs durch Kaiser Joseph II. sogar in den Reichsgrafenstand erhoben. Doch die Hochzeit des Herzogs mit seinem geliebten „Fräntzele" kann noch immer nicht erfolgen. Herzogin Elisabeth Friederike, die nach wie vor mit Carl Eugen verheiratet ist, lebt zwar längst getrennt von ihrem Mann in Bayreuth; seinen Wunsch nach der Scheidung aber lehnt sie strikt ab. Abgesehen davon: Für den katholischen Herzog wäre eine Scheidung auch ein politisches Problem gewesen.

Das Tagebuch als Zeugnis des Glücks

Dennoch leben Carl Eugen und Franziska glücklich miteinander; das Paar reist durch ganz Europa, um sich Anregungen für Bildungs- und Sozialeinrichtungen zu holen. Wie sehr sich der Herzog unter

Die galante Dekoration macht den intimen Charakter des Appartements aus.

Schicksalsschlag fürs höfische Leben: die häusliche Franziska zieht Carl Eugen nach Hohenheim.

Franziskas Einfluss tatsächlich vom Geldverschwender zum guten Landesvater gewandelt hat, bezeugen eindrucksvoll die Beschreibungen in ihrem Tagebuch. Der Eintrag zu ihrem 32. Geburtstag gibt hiervon ein beredtes Zeugnis:

„Stuttgart d. 10. Jan. 1780 Montag. Heide als an meinem glicklich Erlebdem Geburtztag, wo for ich Gott mer Dank schuldig bin, als ich Ihm auf dieser Weld Brengen kan, Erwachte ich etwas Belder, als man wekde, überdachde die Gnate Gottes u. Empfahl mich wieder aufs neihe in Seinen almechtigen Schutz. (…) Es geng dan die andere Dier von meinen Zemern auf, wo alles schemmerte, u. ein gantzes Süberbes Sielbernes Servies under einem Tempel aufgesteldt stond. 15 Von die Junge leide in der academie haben die Girrlanden, die angemachtwahren, gehalden, wordurch ich gehen muste; eine ser schene uhr Von Pfarrer Hann gemacht, wahr auch in's Zemer gesteldt; ich war ganz beteibt von aller der Gnadt Ihro Durchleicht u. konde Ihnen kein word von den rierungen meines Hertzens sagen. (…) ich sahe im schloß hof wahren 29 Wegen rachirt, mit der schensten Equipach u. Pferde; es wurde dan eingesesen (…); ich wusste nicht wo es hengeng, Bies man der Kirch nahe kam(…) Keinen rirenderen, Keinen scheneren Anblieg kan man sich nicht denken, als, da 15 Pahr Arme, die von der Gnadt Ihro Durchleicht gekleidet, ausgesteirdt u. noch Gelt mitgegeben da standen, sich copulieren zu lassen, neben ihnen 4 Pahr, die ihren 50zig jerigen Hochzeidt Tag feirden. (…) Die 15 neihe Ehe pars u. die 4 Par Alte wurden auch alda gespeist. Es wahr ein Anblieg, welcher alle Hertzen durchdrengen mußte u. das fühlloseste konnte niecht gleichgieldig dabey sein u. muste den Wohltäter darvor segnen; all die Armen waren so durchdrongen, daß sie nicht Worde genug finden konten…"

Das Projekt Hochzeit gehen Franziska und Carl Eugen nach dem Tod seiner ersten Ehefrau Elisabeth Friederike im Jahre 1780 erneut an – diesmal mit Erfolg. Am 2. Februar 1786 wird die Ehe vom Hof und den Landständen anerkannt, jedoch erst fünf Jahre später durch ein päpstliches Dekret für endgültig rechtsgültig erklärt. Doch die Tragik der Geschichte will es, dass dem nun am Ziel seiner Wünsche angekommenen Paar nur noch zwei Jahre des gemeinsamen Glücks auf Schloss Hohenheim bleiben, das sie von 1776 an zu ihrem Aufenthaltsort gewählt haben. 1793 stirbt Herzog Carl Eugen im Alter von 65 Jahren in den Armen seiner geliebten Franziska.

Die Schlittenfahrt auf Salz

HOFGEFLÜSTER
Von Ulrich Krüger

Das Fahren in prächtig verzierten Prunkschlitten zählt im 18. Jahrhundert zu den so genannten Divertissements – den Vergnügungen des Herrschers und des Hofes. Im Winter sind derartige Ausflüge ein unabdingbarer Bestandteil der Feste, die der Prunk liebende Herzog Carl Eugen bis zur Perfektion treibt. Theaterintendanten planen und organisieren die glanzvollen Ausfahrten des Herrschers und seines Hofstaates anlässlich seiner Geburtstagsfeiern am 11. Februar, und die Chronisten haben selbstverständlich darüber zu berichten. Nur nebenbei sei erwähnt, dass die Remise des Marstalls 48 Prunkschlitten beherbergt.

Angeblich aber sollen sich die Schlitten nicht nur im Winter auf Schnee bewegt haben. In Württemberg jedenfalls erzählt man heute noch die Geschichte von der sommerlichen Salzschlittenfahrt auf die Solitude. Carl Eugen habe im Hochsommer die etwa 15 Kilometer messende Strecke zwischen dem Schloss in Ludwigsburg und dem Schloss Solitude dick mit bestem Salz bestreuen lassen. Dann habe er seine attraktive Maitresse, die Opernsängerin Katharina Helena Bonafini, zu einer Schlittenfahrt auf die Solitude eingeladen. Natürlich nur, um der Dame zu imponieren.

Doch welch eine Verschwendung! Salz ist teuer, Salz ist ein lebensnotwendiges Nahrungsmittel. Salz ist sogar Zahlungsmittel. In Württemberg gibt es zu jener Zeit nur eine einzige Salzsiederei in Sulz am Neckar. Diese kann nicht einmal den Salzbedarf Württembergs decken. Salz muss eingeführt werden.

Der Ludwigsburger Stadthistoriker Albert Sting hat in seinem Buch „Geschichte der Stadt Ludwigsburg" ausgerechnet, dass man bei einer angenommenen Spurbreite von nur einem Meter (bei einer Kufenbreite von 85 Zentimetern) etwa 1015 Tonnen Salz für die Aktion gebraucht hätte. Eine Tonne Salz ist zur Zeit Carl Eugens mindestens 500 Gulden wert. In Summa hätte das sommerliche Schlittenvergnügen also die Kleinigkeit von 507 500 Gulden gekostet – und damit etwa genau so viel wie das gesamte Neue Corps de logis samt seinen beiden Pavillons sowie der Ahnen- und Bildergalerie und den beiden Schlosshöfen.

Allerdings ist in den Hofarchivalien nichts über diese ungeheure Verschwendung aufgezeichnet. Insofern darf man die Geschichte über die sommerliche Salzschlittenfahrt wohl getrost dem weit verbreiteten Hofklatsch zuordnen.

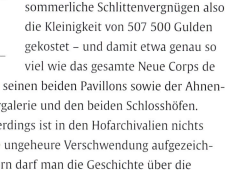

Mit der Leibgarde auf Spaziergang

Wer durch die prächtigen Räume des Schlosses wandelt und im Gang zwischen dem Westlichen Kavalierbau und Festinbau in der Betrachtung von August Querfurts monumentalem Gemälde zur Schlacht von Höchstädt versinkt, könnte zum Schluss kommen: In Herzog Eberhard Ludwig hatte Württemberg einen herausragenden Feldherrn zum Herrscher. Tatsächlich lässt sich das Kampfgetümmel, in dem die Reichstruppen das französisch-bayrische Heer im August 1704 vernichtend schlugen und damit den europäischen Koalitionskriegen des 17. und 18. Jahrhunderts eine Wende gaben, vorzüglich für propagandistische Zwecke ausschlachten. Und mit der Ernennung Eberhard Ludwigs zum Reichsgeneralfeldmarschall, dem höchsten militärischen Rang des Reiches im Jahr 1713, reicht das – oberflächlich betrachtet – aus, um von einer glänzenden militärischen Karriere des Herzogs zu sprechen.

Eberhard Ludwig als Soldat

Ein kritischer Blick auf die tatsächlichen Verhältnisse offenbart hinter dem schönen Schein ein schnödes Sein. Zwar hat Eberhard Ludwig tatsächlich in Höchstädt mit 4500 Kavalleristen auf dem rechten Flügel mitgekämpft, allerdings nur in den hinteren Rängen. Eigentlicher Befehlshaber des rechten Flügels war Prinz Eugen von Savoyen, der als einer der erfolgreichsten Feldherrn seiner Zeit in die Geschichte eingegangen ist.

Eberhard Ludwig blieb dagegen blass. Er, der über keinerlei militärische Ausbildung verfügte, sah im Militär eher ein fürstliches Spielzeug und umgab sich gerne mit seiner Leibgarde, die 1695 bei ihrer Einrichtung jeweils zwei Kompanien von je 144 Mann zu Fuß und zu Pferd umfasste. „Er macht keine hundert Schritte, ohne sie bei sich zu haben. Er liebt es sogar, bei Spaziergängen und auf der Jagd an ihrer Spitze zu marschieren, während sie den Karossen der Prinzessinnen folgen", berichtete ein Zeitgenosse.

Ein Katalog für die Herzöge

Herrliche Muster

Als Schloss- und Bauherren hatten es Eberhard Ludwig und seine Nachfolger, namentlich Carl Eugen und der spätere König Friedrich, wahrlich nicht leicht. Sie hatten zwar die Entscheidungsgewalt darüber, wie die Räume einmal aussehen sollten. Doch ob sie dafür das rechte Vorstellungsvermögen besaßen, ist eine ganz andere Frage. Die Baumeister, Stuckateure, Maler und Schreiner, die im Schloss wirkten, behalfen sich in dieser Hinsicht mit detailliert ausgearbeiteten und kolorierten Vorlagen, vergleichbar den heute gängigen Tapetenmusterbüchern. Da bekam der Herzog en détail ausgeführt, was die Künstler und Handwerker sich ausgedacht hatten. Und manchmal hatte der Herrscher auch ganz eigene Vorstellungen, vielleicht von Reisen, mitgebracht. Im Vorzimmer zur Bildergalerie etwa hängen elegante kolorierte Stiche nach römischen Fresken – wahrscheinlich Mitbringsel des Herzogs Carl Eugen von seiner Italienreise.

O Hubertus oder Des Herzogs Orden

Zeugen fürstlicher Allmacht in Ordenssaal, Ordenskapelle und Jagdpavillon

An manchen Tagen können 24 Stunden eine lange Zeit sein – auch für einen Herzog. Vier Dinge tat der Schlossgründer Eberhard Ludwig in der Freizeit, die ihm die auch ohne ihn gut organisierten Regierungsgeschäfte ließen, um die Spanne zwischen dem Morgen und dem Abend unfallfrei zu überwinden: mit seiner Garde über den Schlosshof exerzieren, mit seiner Maitresse poussieren, den Fortgang der Bauarbeiten an seinem geliebten Schloss überwachen und jagen. Viele Stunden und noch mehr Geld der ohnehin strapazierten Staatsschatulle verwendete er auf diese Leidenschaft. 1702 stiftete er sogar einen eigenen Jagdorden, den Hubertusorden. Das Jagdrecht, auf das sich Eberhard Ludwig bei der Gründung des Ordens berief, hatte schon lange Bestand. Bereits die Grafen von Urach waren im Mittelalter von Königen und Kaisern mit dem Titel eines Reichsjägermeisters beliehen worden.

Streng genommen verdanken Stadt und Schloss Ludwigsburg der herzoglichen Freude an der Jagd ihre Existenz. Ursprünglich war die spätere Residenz als Jagdschloss geplant. Davon ist heute allerdings kaum noch etwas zu sehen. Zwar weisen Bezeichnungen wie Jagdpavillon, Ordensbau und Ordenskapelle sowie verschiedene Ausschmückungen auf die Jagd und den Orden hin, doch insgesamt haben die Spuren der Jagd im Schloss die Zeit kaum überdauert. Augenfällig ist der „Sankt Hubertus Hochfürstliche Württembergische Jagdorden", dessen Mitgliedschaft eine große Auszeichnung durch den Herzog bedeutete, unter anderem noch im Jagdpavillon. Dort sind mehrere Wände mit Stuckmarmor verziert, in den das Symbol des herzoglichen Jagdordens eingelegt worden ist.

Der Stuckator Riccardo Retti oder der Marmorierer Giacomo Antonio Corbellini zum Beispiel, waren Meister des Stuckmarmors, einer Art von Kunsthandwerk, die so unvorstellbar aufwendig war, dass sie im Ludwigsburger Schloss an ganz unterschiedlichen Stellen auch zu nahezu unvorstellbaren Ergebnissen führte.

Die Kunst des Stuckmarmors

Dabei klingt die Technik der alten Meister zunächst ganz einfach: Man nehme Alabastergips, Kalk, Leim und Farbe, vermische all die Ingredienzen zu einem Teig, knete diesen, bis er die Form eines Brotlaibs hat, schneide den Teig in Scheiben und drücke die Scheiben an die Wand. Danach beginnt die wirkliche Arbeit. In bis zu 17 Arbeitsgängen muss dieser

Aufwendige Technik, prächtige Wirkung: Stuckmarmor nimmt alle Farben und Formen an – auch die des Ordenssterns.

Stuckgips hundertfach mit Schleifpapier geschliffen und poliert werden, bis er aussieht wie Marmor.

Niemals wäre es möglich gewesen, einem natürlichen Stein solch eine Gestalt zu verleihen, wie es den italienischen Stuckatoren im Marmorsaal, in der Marmorsaletta, im Ordenssaal, in der Ahnengalerie oder auch in der Schlosskirche zu Ludwigsburg gelang – sehr zum Vergnügen des Herzogs übrigens, der wieder einmal erkannte, dass er doch allmächtig war. So gut wie zumindest. Denn die Rapporte, die er von den Stuckatoren erhielt, waren in ihrem Ergebnis ebenso fürstlich wie die Werke, die sie ihm in Rechnung stellten. Sicherheitshalber hat er sie deshalb auch nur teilweise bezahlt.

Der Parkettfußboden in der Marmorsaletta

Bemerkenswert ist die Marmorsaletta des Jagdpavillons noch aus einem anderen Grund. Als sie im Anschluss an die westliche Galerie im Jahre 1715 ausgestattet wurde, hatte der Schlossgründer Eberhard Ludwig vielleicht schon mit der Unvergänglichkeit seines Ruhms gerechnet. Dass dies aber vor allem für den Holzfußboden der Saletta gelten sollte, der bis heute im Originalzustand erhalten ist, war dem Herzog von Württemberg vermutlich nicht bewusst – zumal das Schreinerhandwerk Württembergs in jenen Tagen nicht den besten Ruf genossen haben soll. So berichtet der Kunsthistoriker Werner Fleischhauer, dass zum Beispiel dem Stuttgarter Johann Stöckle ein Spiegelschreibtisch als „durchaus keine saubere Arbeit" nicht abgenommen worden.

Ganz anders verhält es sich mit diesem Parkettfußboden, der noch mit Holznägeln befestigt worden ist. Der 1677 in Preußen geborene und später in Stuttgart tätige Schreiner Peter Spiegelberg hat ihn erschaffen. Spiegelberg, so heißt es, sei der kunstfertigste unter seinen Standeskollegen gewesen; sein Werk zeichne sich durch „allerhand runde und Winckhelfiguren mit eingelegten Fugen und Tafelwerckh von allerhand Holz" aus.

Der originale Parkettfußboden in der Marmorsaletta stammt von einem namentlich bekannten Schöpfer: Peter Spiegelberg.

Ein Kreuz von purem Gold

Prächtiger freilich als jeder Fußboden es je zu sein vermag, ist des Herzogs Jagdorden gewesen. Er wird in den Statuten beschrieben als „Kreutz von purem Gold mit Rubin rothem Schmelzwerck überzogen, in der Figur wie ein Maltheser-Kreutz mit Vier Ecken und zwischen denen mittlern und untern Spitzen jedesmahls ein Jagdhorn: In der Mitte stehet ein rundes grüngeschmelztes Schildlein, worauf an einer Seiten ein von Gold erhobenes Lateinisches W. mit einem Hertzogshut über demselben, so das Herzogthumb Württemberg bedeutet, und auff der andern Seiten Drey güldene Jagd-Hörner, nach dem Württembergischen Wappen ineinander geschlungen zu sehen seyn."

Diesen Orden hatten die Mitglieder der herzoglichen Bruderschaft täglich zu tragen, andernfalls drohten Strafen. Wer die Statuten verletzt hatte, konnte zum Beispiel dazu angehalten werden, den Armen Geld zu spenden oder aber dem Ordensherrn ein Gewehr zu schenken. Wer sich gar eines Verbrechens schuldig gemacht hatte oder im Kriege der Feigheit geziehen worden war, wurde degradiert. Schlimmstenfalls musste ein Delinquent sein Ordenskreuz zurückgeben. Sein Name wurde aus dem Register getilgt, das Wappen aus dem Ordenssaal entfernt.

Platz für neues Land

Auch so mancher Exot befand sich unter den Ordensrittern. Dass etwa der König von Dänemark zu den Rittern des württembergischen Jagdordens gehörte, schmeichelte dem erlauchten Kreis.

Auch der dänische König selbst hat vermutlich von seiner Mitgliedschaft gewusst, aber sonderlich berührt haben dürfte sie ihn nicht. Denn hier galt es offenkundig nicht, einen europäischen Monarchen auszuzeichnen, sondern einem Orden Glanz zu verleihen, der im Lande sicher eine Bedeutung hatte, außerhalb der württembergischen Grenzen aber eher weniger.

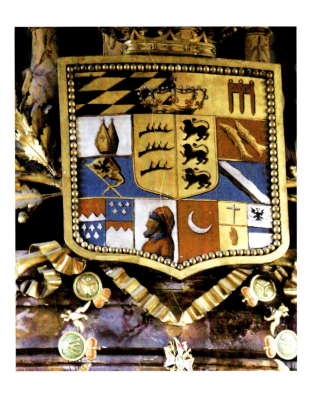

Unten rechts (oder aus heraldischer Sicht links) ist noch Platz für Expansion: Das Königswappen sieht ein Wartschild vor – für Gebietszuwächse.

Und so schmücken die Ordenskapelle noch heute eine ganze Reihe von Wappen hochkarätiger Herrschaften. Dass darunter auch jene von Napoleon, Kaiser von Frankreich, sowie von seinem Bruder Jérôme, einige Jahre König von Westfalen, hängen, hat damit zu tun, dass König Friedrich 80 Jahre nach Eberhard Ludwig den Orden wieder belebte. Anlässlich seiner Krönung im Jahr 1806 wandelte Friedrich den herzoglichen Jagdorden „Sankt Hubertus" in den „Königlich Goldenen Adlerorden" um. Dabei veränderte er auch das Aussehen des Ordenskreuzes. Wie, ist heute noch im Ordenssaal des Schlosses über dem Thronsessel des Königs Friedrich zu sehen.

Über dem Thron ist ein weiteres wichtiges Signet des frisch gebackenen Regenten zu sehen – das königliche Wappen. Friedrich erfand es nicht neu: Er sammelte die Abzeichen der württembergischen Besitztümer und Herrschaftsgebiete, die seit dem Mittelalter zusammengekommen waren, fügte seine eigenen Erwerbungen und Verhandlungsgewinne hinzu und ließ gleich noch ein leeres, ein so genanntes Wartschild frei. Der König hatte also Hoffnung, dass sich sein Reich vergrößern möge. Und über dem gesamten beeindruckenden Wappenschild schwebt die Königskrone.

Der König sieht alles

Saß der König auf dem Thron, umgaben ihn die Trophäen seiner neuen Macht. Der Bezug des Sessels und die Vorhänge des Thronbaldachins wurden aus den Stoffen der Kirchenschätze geschneidert. Sie waren in den württembergischen Besitz gekommen, als im Zuge der Säkularisation ab 1806 die ganzen geistlichen Herrschaften, die Klöster, die Städte des Deutschen Ordens, die Reichsstädte und schließlich sogar die kleineren Fürstentümer der Umgebung dem neuen Königreich Württemberg eingefügt wurden.

Den heutigen Besuchern des Ordenssaales ist der erste König von Württemberg vor allem wegen des Gemäldes gegenwärtig, das gegenüber dem Thron, am anderen Ende des Saales hängt. Offiziell ist es wohl George Orwell gewesen, der den großen Bruder erfunden hat. Alles überwachen und alles erfassen konnte freilich auch König Friedrich.

Möglich gemacht hat dies der württembergische Hofmaler Johann Baptist Seele, der dieses Bild des Monarchen erschaffen hat. Gemalt wurde es wohl um das Jahr 1808, zwei Jahre also nach der Krönung des Königs von Napoleons Gnaden. Die Maltechnik ist eine, auf welche bei Schlossführungen gerne hingewiesen wird und die man häufig bei Portraits bewundern kann – unter anderem bei der Mona Lisa. Egal, wo der Betrachter steht, er hat stets das Gefühl, von der Person auf dem Bild beobachtet zu werden. So auch hier. Man bekommt den Eindruck, als erspähe Friedrich von dort aus auch noch den hintersten Winkel des Raumes.

Der Ordenssaal, die Ordenskapelle und der Jagdpavillon

Seele I: Das Staatsportrait des Königs vom Hofmaler Johann Baptist Seele.

Seele II: Das königliche Jagen bei Bebenhausen, vom Hofmaler für die Ewigkeit festgehalten.

Anhaltenden Ruhm oder gar Lob von den folgenden Generationen erhielt der Hofmaler Seele für sein Bild jedoch nicht. Zwar befriedigte er die pompösen Anwandlungen des Königs Friedrich und wurde auf dessen Geheiß einer der am meisten reproduzierten württembergischen Maler seiner Zeit. Nach seinem Tod im Jahre 1814 aber erinnerte sich kaum noch jemand seiner Werke, obwohl sie eigentlich typisch waren für die Malerei in jenen Tagen des frühen 19. Jahrhunderts.

Inszenierung der Macht

Seele hat übrigens auch ein Bild gemalt, das heute im Appartement des Königs hängt, aber mit dem Hubertusorden direkt verbunden ist: das Gemälde zur Festinjagd in Bebenhausen aus dem Jahre 1812. Das Bild lässt erahnen, welche Blüten die Lust der württembergischen Fürsten an der Jagd bisweilen getrieben hat.

Tatsächlich herrschte Unruhe im Land, nachdem die königliche Verwaltung verkündet hatte, dass Serenissimus für den Herbst zur Festinjagd nach Bebenhausen einladen werde. Für gut 10 000 Untertanen bedeutete dies in den nächsten Monaten harte und unbezahlte Arbeit. Das Wild musste zusammengetrieben und versorgt, der Jagdplatz hergerichtet, die Kulissen entworfen und gebaut werden. Schließlich sollte alles reibungslos verlaufen, wenn König Friedrich, sein Hof und die adligen Gäste aus dem ganzen Land sich versammelten, um auf Hirsche und Wildschweine zu zielen. Zwar hatten sich die württembergischen Herrscher regelmäßig auch im kleinen Kreis auf die Pirsch begeben. Doch die wirklich großen Jagden verliefen anders. Sie waren exorbitante Inszenierungen der Herrscherpracht und -macht. Man sagt, die Jagd von Bebenhausen habe eine Million Gulden gekostet. Exakt 823 Tiere seien von den hohen Herrschaften erschossen worden.

Die hohen Türklinken

Frivol oder nur praktisch?

Frivol, frivol, das Leben unserer durchlauchtigsten Fürsten! Eigentlich darf man es ja nur hinter vorgehaltener Hand sagen, aber was in den Räumen hinter verschlossener Tür so alles geschieht – schlimm muss das sein. Das lustvolle Kichern und Glucksen der jungen Damen, das aus den Appartements dringt, beflügelt jedenfalls unsere Fantasie. Was Wunder, dass die weiblichen Bediensteten sich da den einen oder anderen Blick durchs fürstliche Schlüsselloch nicht verkneifen können.

Die hohen Türklinken

Und so wissen wir auch, warum sich im Schloss die Türklinken in Augenhöhe befinden. Es wäre doch nur zu verständlich, wenn die männlichen Bediensteten beim Anblick einer nach vorne gebeugten Dame nicht an sich halten könnten – bei solchen Vorbildern auf allerhöchster Ebene. Die hoch angesetzten Türklinken verhindern dies auf unauffällige, aber praktische Weise. Die Frauen müssen sich einfach nicht bücken.

Das ist eine Erklärung. Der Grund für dieses gestalterische Detail könnte aber natürlich auch ein architektonischer sein. Denn die Klinken befinden sich nicht genau in der Mitte der überhohen Türen, was dem Bedürfnis nach räumlicher Symmetrie unserer Zeit entspräche. Und es gibt einen noch viel profaneren Grund: Säßen die Klinken zu tief, verzöge sich das Holz der Türen nach oben hin. Die Türen schlössen dann nicht mehr richtig. Aber solch praktische Probleme handwerklicher Natur wollen nicht so recht in unser Bild vom herzoglichen Schloss passen, nicht wahr?

Die Legende will, dass die Frauenbüste unter der Krone die Maitresse des Schlossgründers zeigt.

Herzogliche Herzenssachen

Das Alte Corps de logis, Keimzelle des Schlosses, Schauplatz dramatischer Geschichten

Der Skandal ist perfekt, als Herzog Eberhard Ludwig am 13. November 1707 seinen Regierungsbeamten mitteilt, dass er bereits Monate zuvor im württembergischen Weiler Oberhausen seine Maitresse, Christine Wilhelmine Friederike von Grävenitz, geehelicht hat. Nicht nur, dass damit ein äußerst fragwürdiges Verhältnis legitimiert werden soll. Weil seine erste Ehefrau, Johanna Elisabeth von Baden-Durlach, mit der Eberhard Ludwig seit 1697 verheiratet war, nicht in die Scheidung einwilligt, macht sich der Herzog der Bigamie schuldig – und das als Oberhaupt der evangelischen Kirche von Württemberg! Der Aufschrei im Lande ist laut, der Widerstand heftig. Vom verlotterten französischen Hof erwartet man ja solche Geschichten, über die man bei Gelegenheit süffisant klatschen kann. Aber im protestantischen und kreuzbraven Württemberg?

Doch im Zusammenhang mit seiner geliebten „Christel" erweist sich der Herzog gegenüber den württembergischen Geistlichen, Landständen und Regierungsbeamten von einer Bockbeinigkeit, welche die Beteiligten auch in den Jahrzehnten danach manches Mal schier verzweifeln lässt – und der Maitresse schließlich den Ruf einer Hexenmeisterin einbringt, die den Herzog verzaubert haben muss. Denn obwohl der Herrscher angesichts der Drohungen durch den Kaiser in Wien ein Jahr später schließlich einwilligt, die Ehe annullieren zu lassen, ist das Thema keineswegs erledigt.

Vielmehr wird der verwitwete Graf von Würben zu einer Scheinehe mit der Grävenitz überredet. 20 000 Gulden bekommt er, wird außerdem zum Landhofmeister, Geheimrat und Kriegsratspräsidenten ernannt – mit einem Jahresgehalt von weiteren 8 000 Gulden. Die Ämter muss er jedoch nicht ausüben, im Gegenteil. Niemals, so der Befehl des Herzogs, darf der gekaufte Ehemann württembergischen Boden betreten.

Die Scheinehe mit dem Graf von Würben

Seine Ehefrau aber kehrt als Gattin des höchsten Landesbeamten 1711 an den Ludwigsburger Hof zurück. Ihr Quartier bezieht sie im Erdgeschoss des Alten Corps de logis; dort, wo sich heute die barocke Gemäldegalerie befindet. Phasenweise logiert die Grävenitz auch auf gleicher Höhe mit dem Herzog in der Beletage, die vor allem mit ihren prunkvollen Deckengemälden beeindruckt. Der Prager Künstler Johann Jakob Stevens von Steinfels erschuf dort unter anderem jenes Fresko, das dem Dianazimmer

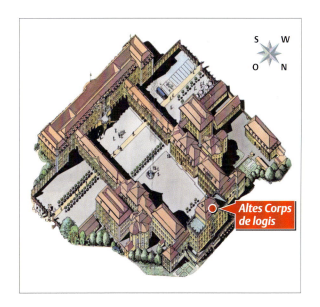

Beliebte Götter: für fürstliche Dekorationen greift man gern auf die Mythologie der Griechen und Römer zurück.

seinen Namen verlieh. Die Göttin der Jagd ist auf dem Werk zu sehen, mitsamt ihrem Gefolge, das vorzugsweise aus spärlich bekleideten Damen besteht. Nur die wahre Hausherrin, des Herzogs Gattin Johanna Elisabeth, bekommt von all der Pracht nichts mit; sie versauert im Stuttgarter Schloss.

In den nächsten zwanzig Jahren nutzt die Grävenitz ihren Einfluss auf den Herzog, um immense Reichtümer anzuhäufen – meist sind es Geschenke des vernarrten Herzogs. Sie ergattert 1712 die Herrschaft von Stetten, 1717 folgt Brenz, ein Jahr später Welzheim, 1729 Gochsheim. Zwei Jahre zuvor hat sie sich bereits Freudental gekauft und dort das Schloss errichten lassen. Die württembergischen Landstände müssen dies zähneknirschend hinnehmen. Alle Versuche, zum Herzog durchzudringen, scheitern. Er hat sich mehr oder weniger im Ludwigsburger Schloss verschanzt, umgeben von den Vertrauten der Maitresse. Das Misstrauen zwischen dem Herzog und den Volksvertretern mag diese Entwicklung begünstigt haben.

Erst 1731 können die Württemberger aufatmen; es kommt zum Bruch mit der Grävenitz. Die Gründe dafür sind möglicherweise dynastischer Natur. Zu diesem Zeitpunkt ist klar, dass der Erbprinz Friedrich Ludwig gesundheitlich angeschlagen ist. Im Falle seines Todes droht mit Carl Alexander eine katholische Nebenlinie des Hauses an die Macht zu kommen.

Im Sommer 1731 versöhnt Eberhard Ludwig sich mit Johanna Elisabeth, offenbar im festen Bestreben, gemeinsam mit ihr einen weiteren Erben in die Welt zu setzen. Doch alle Fürbitten in den Kirchen nutzen nichts, dem nicht mehr ganz jungen Paar bleibt der Erfolg verwehrt. Als am 23. November 1731 tatsächlich der Sohn Friedrich Ludwig stirbt und der Vater ihm zwei Jahre später folgt, ist der Herrschaftsantritt Carl Alexanders nicht mehr zu verhindern. Er ist es auch, der die Grävenitz im Jahre 1736 mit einer Abfindung von 152 300 Gulden des Landes verweist – und das in einer Zeit, in der Württemberg am Rande des Bankrotts laviert.

Das Schicksal des Joseph Süß Oppenheimer

Zahlreiche Kriege und auch der monströs teure Bau der neuen Ludwigsburger Residenz haben das Land ausgezehrt. Mehr als alles andere braucht der neue Herzog Carl Alexander nach seinem Amtsantritt im Jahre 1733 Geld. Für den Offizier, der sich zuvor vor allem als kaiserlicher Feldherr im Krieg gegen das Osmanische Reich verdient gemacht hat und zuletzt in Belgrad als Statthalter über das Königreich Serbien amtierte, ist das keine leichte Aufgabe.

Doch Carl Alexander kennt bereits den richtigen Mann für die Sanierung seines Haushalts. Ein Jahr zuvor hat er ihn bei einem Kuraufenthalt in Wildbad getroffen: Es ist Joseph Süß Oppenheimer. Die Geschichte des jüdischen Kaufmanns beschreibt einen atemberaubend steilen Aufstieg und einen ebenso jähen Absturz.

Auf dem Höhepunkt seiner Macht besitzt der herzogliche Finanzrat Häuser in Ludwigsburg und Stuttgart. Selbst im Ludwigsburger Schloss soll ein Appartement für ihn bereit gestanden haben. Sein Vermögen wächst ins nahezu Unermessliche. Seine Residenz in der Stuttgarter Seestraße ist in dieser Zeit der gesellschaftliche Mittelpunkt der Stadt. Nach seiner Hinrichtung aber liegt die Leiche Oppenheimers sechs Jahre lang auf dem Stuttgarter Galgenberg, bevor sie verscharrt wird.

Denn „Jud Süß", wie er bereits zu Lebzeiten abfällig genannt wird, schafft sich in den dreieinhalb Jahren, die Carl Alexander regiert, viele Feinde. Mit bemerkenswerter Kreativität macht er sich an die Sanierung der bankrotten Staatsfinanzen. Er schafft staatliche Monopole auf einträgliche Waren wie Wein, Salz und Tabak. Mit immer neuen Steuern verärgert er das Volk. Zu Zeiten Eberhard Ludwigs habe eine Hure das Land regiert, schimpfen die Menschen in Anspielung auf die herzogliche Maitresse von Grävenitz. Jetzt führe ein Jude das Land. Ämter und Privilegien am Hof und in den Verwaltungen werden an den Meistbietenden verkauft. Schon damals wird das Bild vom schachernden und das Volk aussaugen-

Kostspielige Sinnestäuschung: das Spiegelkabinett im Alten Corps de logis.

Die Nazis haben die Geschichte des Joseph Süß für ihre propagandistischen Zwecke missbraucht.

den Juden verwendet, das gut zwei Jahrhunderte später in dem antisemitischen NS-Film „Jud Süß" von Veit Harlan gipfelt.

Der Ausgang des Teufels

Doch dann stirbt Herzog Carl Alexander völlig unerwartet am 12. März 1737 im Ludwigsburger Schloss. Zwar sind die wahren Umstände seines Todes bis heute ungeklärt, umso wilder aber wuchern die Gerüchte, die zu ergründen einen Aufstieg nach ganz oben zu den Dächern des Schlosses erfordert: zur Turmuhr des Alten Corps de logis.

Kein gemütlicher Ort ist das; es zieht, es staubt, es modert – und glücklicherweise muss nur manchmal einer der Schlossdiener in so luftiger Höhe nach dem Rechten sehen und das Türchen öffnen, das nach draußen führt, wo die Zeiger sich um das Zifferblatt drehen und die Zeit anzeigen.

An Carl Alexanders Todestag freilich soll sich der Leibhaftige höchstselbst hierher begeben haben, um die Seele jenes Mannes abzuholen, den eine große Zahl seiner Untertanen in der Hölle schmoren sehen wollte. Ein Fest soll der Herzog gegeben haben an jenem Abend, so die Legende, weil er am nächsten Tag aufbrechen wollte zu einer Reise nach Dresden. Und weil so ein Fest um so schöner sein konnte, je mehr Maitressen anwesend waren, soll sich Carl Alexander zuvor mit einem Aphrodisiakum gestärkt haben, von welchem er der Sage nach wohl eine Überdosis erwischt hat. Jedenfalls soll der Schlag ihn noch vor dem Vergnügen getroffen haben – und der Teufel alsbald erschienen sein, um die Seele des Verstorbenen durch das Türchen in der Turmuhr hinaus zu entführen – so zumindest die Legende. Während das Volk darob jubelte, ist Carl Alexanders Tod für seinen Finanzverwalter Oppenheimer eine Katastrophe. Weil der Fürst nicht mehr die schützende Hand über ihn hält, bricht quasi über Nacht der lang aufgestaute Hass des Volkes und der Intriganten am Hofe über den „jüdischen Landverderber" herein. Joseph Süß wird verhaftet und auf dem Hohenasperg eingekerkert.

Es gibt wohl kaum ein im Strafgesetzbuch aufgeführtes Delikt, das Oppenheimer nicht vorgeworfen wird. Sogar wegen seiner zahlreichen Liebschaften mit christlichen Frauen wird gegen ihn verhandelt. Grundlage ist eine alte Vorschrift, welche den „fleischlichen Verkehr" zwischen Christen und Juden unter Todesstrafe stellt. Wäre Joseph Süß deswegen verurteilt worden, hätte dies freilich bedeutet, dass auch die betroffenen Frauen hätten hingerichtet werden müssen. Das wiederum, so wissen die Historiker heute, hätte wohl eine ganze Reihe angesehener Familien in Württemberg in Schmach und Trauer gestürzt. Der Vorwurf wird schließlich als nicht justiziabel fallen gelassen.

Verurteilt wird Joseph Süß Oppenheimer dennoch: wegen Amtserschleichung, Betrug, Majestätsverletzung und Hochverrat. Zwei Monate nach dem Urteil wird der Delinquent auf dem Stuttgarter Galgenberg gehenkt – aus heutiger Sicht ist das ein Justizskandal.

Das geschminkte Leben

Im Ludwigsburger Schloss verfolgen die Höflinge den Prozess mit Interesse – und tun doch so, als wäre nichts passiert. Das Leben geht seinen geregelten, reglementierten und oberflächlichen Gang. Die Damen haben vor allem eine Aufgabe: sich schön

machen. Wichtigstes Utensil dazu ist ein Schminktisch mit seinem Spiegel, der das Licht der daran montierten Kerzen so reflektiert, dass selbst die gepudertsten Gesichter in einem hellen, warmen Glanz erstrahlen.

Überhaupt die Spiegel. Sie gehören zum Teuersten, was es im 18. Jahrhundert an hochwertigem Interieur zu kaufen gibt. Wohl gerade deshalb haben sich die Fürsten damit geradezu verschwenderisch ausgestattet. Spiegel gelten als so exklusiv, dass mit ihnen eigens ganze Kabinette, ja sogar Säle gestaltet wurden.

Doch müssen diese Spiegel auch hergestellt werden. Im Jahre 1701 wurde deshalb auf dem Jux eine Glashütte errichtet. Vier Jahre später folgte unten im Tal die Spiegelhütte. Weil es aber schon unter den alten Württembergern einige clevere Burschen gab, die man jetzt, gut 300 Jahre später, wahrscheinlich als Marketingstrategen bezeichnen würde, wurde der ganze Ort flugs umgetauft. Wer wollte schon Spiegel aus Jux kaufen? Spiegel aus Spiegelberg klang doch viel besser. Also hieß das Dorf fortan – und bis heute – Spiegelberg.

Wirklich profitabel arbeitete die Spiegelfabrik allerdings nie. Um 1725 sollen in den Niederlanden, dem wichtigsten Absatzgebiet, Spiegel im Wert von etwa 30 000 Gulden gelegen haben – unverkäufliche Ware. Die Arbeiter zu Spiegelberg klagten über erhebliche Lohnrückstände und traten deswegen in den Streik. So kam, was kommen musste: Um 1820 herum wurde die Spiegelfabrik aufgegeben.

Das Loch des Colomba

Freilich können Spiegel und Puder, Schminke und der warme Schein der Kerzen nicht alle Schönheitsfehler überdecken. Dem historisch weniger versierten Besucher des Ludwigsburger Schlosses fällt es kaum auf, aber im Treppenhaus des Alten Corps de logis, der Keimzelle des Residenzschlosses, fehlt etwas sehr Wichtiges: eine zweite Treppe. Eigentlich hätte es der barocken Raumgestaltung entsprochen, einen repräsentativen Residenzbau mit zwei sich gegenüberliegenden Treppen auszustatten, von denen aus man vom Erdgeschoss in die Beletage des Schlosses gelangte. Doch es gab und gibt bis heute nur eine Treppe.

Hier macht sich bemerkbar, dass das Ludwigsburger Schloss einst ganz anders geplant war. Denn ursprünglich sollte es lediglich ein kleines Jagdschloss für die privaten Vergnügungen des Herzogs werden. Für ein solches Schlösschen war es nicht erforderlich, repräsentative Treppenfluchten einzubauen. Und als die Entscheidung fiel, die Residenz nach Ludwigsburg zu verlegen, war es bereits zu spät. Da stand der Alte Hauptbau schon – und das eigentlich unwürdige Treppenhaus blieb, wie es war.

Ein Stockwerk höher freilich erschuf der italienische Maler Luca Antonio Colomba eine nahezu perfekte Illusion. Die knarzenden, hölzernen Stiegen, so meint der Betrachter, münden dort nicht in einen Absatz, sondern in einen prachtvollen Aufgang, der in einen göttlichen Palast zu führen scheint, den Jupiter und Herkules höchstselbst bewachen.

Tatsächlich handelt es sich bei diesem Werk um ein Fresko, das typisch ist für die Zeit des Schlossgründers Eberhard Ludwig. Gemalt hat es Luca Antonio Colomba, geboren 1661 in der Nähe von Como in Oberitalien, und einer der vielen begabten Wanderkünstler der Barockzeit. Er arbeitete an unzähligen geistlichen und weltlichen Höfen, weiterempfohlen vom einen zum nächsten, und verzierte die damals wie Pilze aus dem Boden sprießenden Bauten der Fürsten allerorten.

Um die Jahre 1710 und 1711 kam Colomba aus Prag nach Ludwigsburg, wo Herzog Eberhard Ludwig inzwischen residierte. Der Italiener erhielt etliche Aufträge, doch dieser im Treppenhaus, dessen Ergebnis jetzt wieder sichtbar ist, gehört sicher zu den bemerkenswertesten.

Ironie des Schicksals: bis in die Mitte des 20. Jahrhunderts hinein war das Fresko übertüncht, und unglücklicherweise wurde bereits vor seiner Entdeckung just das Zentrum des Bildes durch den

Eigentlich nicht standesgemäß: das Treppenhaus im Alten Corps de logis.

Einbau eines Fensters zerstört. Erst später legte man das restliche Werk frei, mauerte das Fenster wieder zu und übermalte die Fehlstelle in der Mitte des Bildes. Allerdings wusste man nicht, was sich einst dort befunden hatte, wo nun ein Loch klaffte. So wählte man ein verhältnismäßig neutrales Motiv und stellte, bildlich, eine schlichte Vase auf den Sockel.

Was aber wirklich dort hingehört, wird wohl eines jener Geheimnisse bleiben, welche auch in diesen modernen Zeiten nicht gelüftet werden können.

Soll Größe vortäuschen: im Fresko geht die Treppe prachtvoller weiter als in der Realität.

Schüsse auf den weißen Hirschen

HOFGEFLÜSTER
Von Ulrich Krüger

Herzog Eberhard Ludwig ist ein tierliebender Mensch und hält sich neben seinem Leibwolf Melac, von dem hier schon die Rede war, auch einen zahmen Hirsch. Lisele heißt das Tier, das – untypisch für einen Hirschen – von weißer Färbung ist, ein abgesägtes Geweih hat und ein schmückendes Band um seinen Hals trägt.

Weithin bekannt ist das Lisele, weil es sich mit Vorliebe an den täglichen Wachparaden im Schloss beteiligt und diese würdig wie ein im Dienst ergrauter Major anführt. Gerne läuft das Tier auch frei durch Ludwigsburg und bedient sich zum Verdruss der Untertanen in deren Vorgärten. Stören lässt sich das Lisele dabei nicht – im Gegenteil. Der Herzog verbietet bei Strafe, das Tier bei seinem Tun zu unterbrechen oder es gar zu vertreiben.

Eines Tages sieht sich der Herzog jedoch vergeblich nach seinem Leibhirsch um. Was geschehen ist, berichtet das Ludwigsburger Tagblatt vom 18. Februar 1905: „... am 28. September 1721 war das zahme Tier plötzlich aus Ludwigsburg verschwunden. Es war in seinem Laufe bis in die Nähe von Großbottwar gekommen. Hier war der dortige Kuhhirte Konrad Ziemer, der an diesem Tage gerade auf seinem Acker hackte, der erste, welcher den entlaufenen Hirsch sah. Er trieb ihn nun auf Zurufen deß Jakob Wagenblast, „er solle die Kuh mit nach Hause nehmen", in der Richtung nach Großbottwar. Unterwegs aber versetzte er dem Tier, das außerdem noch von den Hunden des Metzgerknechts Christoph Wittich und des Leonhard Mayer gehetzt wurde, einen Streich mit seiner Haue. Die Großbottwarer kamen von allen Seiten her gelaufen, um den Hirsch zu sehen. Als derselbe vor das Hartmännische Haus in der Vorstadt kam, in welchem damals der Hauptmann von Selchow wohnte, riefen die Leute dem letzteren zu, er solle den Hirsch totschießen. Herr von Selchow feuerte darauf 3 Pistolenschüsse auf ihn ab. Nach dem dritten Schuß fiel der Hirsch, nachdem ihm der Kuhhirte noch 2 Streiche auf den Kopf versetzt hatte. Der Metzgerknecht Wittich brach den Hirsch auf Verlangen des Hauptmanns auf. Noch am gleichen Tage wurde die Sache in Ludwigsburg bekannt und sofortige Untersuchung eingeleitet. Herr von Selchow und die bei der Er-schießung anwesend gewesenen Leute gaben dabei an, sie seinen der Ansicht gewesen, es sei ein wilder Hirsch, den man in der freien Pürsch schießen dürfe..."

Der Herzog ist über das Verhalten der Großbottwarer derart erbost, dass er ihnen das Jagdrecht entzieht und die eigentlich Schuldigen zu Gefängnis- und Geldstrafen verurteilt.

Niedliche Rundungen

Nun hat er doch wieder hingelangt, der lüsterne Baron von Gemmingen. Dabei ist der sagenumwobene Herr bereits in Methusalems Alter, doch der Zuneigung zu wohlgeformten Rundungen tut dies offenbar keinen Abbruch. Wer will es ihm verdenken? Seit dem Ende des 18. Jahrhunderts ist er Witwer, da fehlt einem die körperliche Wärme. Aber ob die kühlen Hintern der Putten in der Galerie des Krieges diese Wärme wirklich ersetzen können? Wer genau hinschaut, sieht auch, wie abgewetzt die Rundungen der niedlichen Putten sind. Da hat wohl der Baron bei seinen Spaziergängen durch die Galerie gar zu oft seine Hand über die wohlgeformten Körper gleiten lassen. Na, immerhin lässt er die Zofen in Ruhe.

Ein sagenhafter Baron

Die Pracht des Friedens

Im Juli 1715 vollendet der erst wenige Monate zuvor berufene Hofarchitekt Donato Frisoni am Ludwigsburger Schloss die Westliche Galerie. Eigentlich soll sie lediglich den Alten Fürstenbau mit dem Jagdpavillon verbinden. Doch es hätte nicht dem absolutistischen Verständnis herrschaftlicher Repräsentation entsprochen, hätten die Baumeister sich diese Gelegenheit herzoglicher Propaganda entgehen lassen. Und so ist die Galerie in ihrem Innern in ungewöhnlicher Pracht ausgestaltet. Lebensgroße allegorische Figuren des Stuckateurs Diego Carlone verkünden, im Gegensatz zur Östlichen Galerie des Krieges und in Anlehnung an die griechische Mythologie, die Frieden stiftende Herrschaft des Schlossgründers Eberhard Ludwig.

Die Westliche Galerie

Die Arbeiten Carlones sollen dem Hofarchitekten Frisoni übrigens nur mäßig gefallen haben. So überliefern es zumindest die Chronisten. Bei der Gestaltung der Östlichen Galerie jedenfalls kam Carlone nicht mehr zum Zuge. Die dortigen Arbeiten führte der Stuckateur Ricardo Retti 1716 aus.

Das Spiel der Hermelinflöhe

Tragische Geschichten rund um den Spielpavillon und die Wohnung des Erbprinzen

Mitunter kann das Leben ziemlich schwierig sein. Man stelle sich nur vor, wie es um einen Menschen bestellt sein muss, der die Zeit zwischen der morgendlichen Toilette und dem abendlichen Schlummertrunk mit einem gepflegten Nichtstun verbringt. Herrlich wäre das, mag der im Arbeitsleben Geforderte denken und in der hintersten Ecke seiner Erinnerung kramen, um sich seines letzten Müßiggangs zu entsinnen. Was aber, wenn die Langeweile zum Programm wird?

Frag nach bei den Höflingen des Herzogs. Schon im Gefolge des Schlossgründers Eberhard Ludwig – und erst recht unter seinen Nachfolgern – versammelte sich eine Gesellschaft, die eigentlich keine sinnvollen Aufgaben hatte. Diese Figuren des humanen Schossinventars waren die menschliche Kulisse für das prachtvolle, Macht demonstrierende Herrschertum. Sie dienten als Statisten bei Empfängen, sie jubelten an Festtagen und klatschten willfährig dem jeweiligen Fürsten Beifall.

Doch untereinander stritten diese Damen und Herren, in steter Konkurrenz, um das Wohlwollen des Herrschers. Natürlich, wer die Instrumente der Intrige und des Hofklatsches meisterlich beherrschte, konnte seine Position und damit seinen Verbleib am Hof sichern. Voller Verachtung blickten die ernsthaften, fleißigen und treuen Staatsdiener, die es glücklicherweise auch gab, auf diese Intrigenspinner herab, und bald fanden die Beamten einen spöttischen, gar verächtlichen Namen für all jene, die im edlen Pelzbesatz der Herrscher ihr schmarotzendes Leben führten: Man nannte sie „Hermelinflöhe".

Der Spielpavillon und die Wohnung des Erbprinzen

Wie vertreibt man sich am besten die überflüssige Zeit? Mit Spielen! Ob Karten, Brett- oder Geschicklichkeitsspiele – die Auswahl war groß bei Hofe. Gespielt wurde vieles, was heute noch beliebt ist: Schach, Mühle, Dame, Billard und Tric-Trac – heute als Backgammon bekannt. Das geeignete Mobiliar, Tische mit eingelegten Spielfeldern oder Stoffbezug, gibt es gleich in mehrfacher Ausführung. In Ludwigsburg heißt sogar ein Teil des Schlosses nach diesem Höflingsplaisir: der Spielpavillon.

Dass sich beim Rundgang durchs Schloss ausgerechnet das Appartement des Erbprinzen an den Spielpavillon anschließt, klingt in der Rückschau wie eine bittere Ironie der Geschichte. Friedrich Ludwig hieß der Sohn des Schlossgründers Eberhard Ludwig, dem es bestimmt sein sollte, dereinst seinen Vater zu beerben. Doch dazu kam es nie.

Ein Kind im Unglück

In seinem kurzen Leben war dem armen Friedrich Ludwig nicht viel Glück beschieden. Als Thronfolger wurde er 1698 geboren – ein Jahr nach der Vermählung des Herrscherpaares, das danach lange Jahre keines mehr sein sollte. Während Herzog Eberhard Ludwig zu seiner Kavalierstour durch Europa aufbrach, prunkvolle Höfe kennen lernte und auch bedeutend sein wollte, blieb seine Gemahlin zurück im Alten Schloss zu Stuttgart, das immer mehr zur Trutzburg wurde. Die Entfremdung der beiden wuchs ins Grenzenlose, als Eberhard Ludwig sich in Ludwigsburg ungeniert mit seiner Maitresse Christine Wilhelmina von Grävenitz vergnügte. Keinen Fuß setzte Johanna Elisabetha in dieses Haus, das aus ihrer Sicht der Sünde geweiht war.

Der gemeinsame Sprössling Friedrich Ludwig jedoch durfte ein eigenes Appartement in der Beletage zu Ludwigsburg sein Eigen nennen. Allerdings galt er als schwächlich, war häufig krank und starb zu allem Unglück als junger Mann von 33 Jahren bereits 1731 – zwei Jahre noch vor seinem Vater.

Ohnehin ist der Tod immer wieder ein zentrales Thema in der Geschichte und in den Geschichten der europäischen Fürstenhäuser – auch in denen der Württemberger und der Preußen. In enger Verbindung standen die beiden zueinander, was auf einigen Gemälden im Appartement des Erbprinzen sichtbar wird. Und es gibt da eine tragische Episode, die im Schloss zu Ludwigsburg begann, ihre Entfaltung aber in erste Linie am preußischen Hof fand.

Die Geschichte einer gescheiterten Flucht

Tatsächlich konnte selbst der württembergische Herzog Eberhard Ludwig nicht ahnen, welch schicksalhafte Wende dieser 4. August 1730 bringen würde. Der preußische König Friedrich Wilhelm I. war bei ihm zu Gast am Ludwigsburger Hof, der Ausgangspunkt für eine Reise des Preußen durch Süddeutschland sein sollte. Im Gefolge des Königs befand sich dessen Sohn, Erbprinz Friedrich, der später der Große genannt werden sollte. Doch daran war an diesem Morgen noch nicht zu denken, und im Nachhinein betrachtet, ist es fast ein Wunder, dass Friedrich diesen Tag und seine Tat überhaupt überlebte.

Das Verhältnis des jungen Erbprinzen zu seinem Vater war schon lange angespannt. Friedrich Wilhelm I., im Volksmund der Soldatenkönig genannt, brachte keinerlei Verständnis auf für seinen Sohn, der eher der Musik, der Literatur und der Kunst zugeneigt war und nichts übrig hatte für militärische Übungen, die Jagd und des königlichen Vaters Tabakskollegium. Endgültig zu eskalieren drohte die Beziehung, als eine vom englischen Hof gewünschte Verbindung des preußischen Erbprinzen mit einer englischen Prinzessin nicht zu Stande kam. Um den schier unerträglich gewordenen Spannungen mit dem Vater zu entkommen, dachte der junge Friedrich an Flucht.

Der Soldatenkönig Friedrich Wilhelm I. von Preußen, 1730 in Ludwigsburg zu Besuch.

Während eines Aufenthalts im sächsischen Lustlager Zelthain im Juni 1730 weihte der Kronprinz seinen Freund Katte in die verwegenen Pläne ein; gemeinsam beschlossen die beiden, die Reise der preußischen Delegation durch Süddeutschland zu nutzen, um sich ins nahe Frankreich abzusetzen. Doch der König, der bereits etwas ahnte, entfernte Katte aus seinem Gefolge. Den Kronprinzen aber nahm er mit, weil er dachte, dass nichts passieren könne, solange er, der mächtige königliche Vater, in der Nähe sei.

In diesem Moment der preußischen Geschichte kommt Ludwigsburg wieder ins Spiel: Von hier machte sich der Konvoi an jenem Morgen des 4. August aus auf in Richtung Mannheim. Auf halber Strecke zwischen Heilbronn und Mannheim war das Nachtquartier im Dörfchen Steinsfurt vorgesehen. Die Scheune des Bauern Lerch wurde zur Schlafstatt des Kronprinzen – und zum Ausgangspunkt einer Flucht, die verhängnisvoll enden sollte.

Zwar hatte Friedrich den Pagen Keith als Komplizen gewonnen. Doch in der Nacht soll der Page versehentlich den Kammerdiener geweckt haben und nicht den Kronprinzen. Der Kammerdiener wurde so Zeuge des Geschehens, und als sich Friedrich heimlich aus der Scheune entfernte, schlug er Alarm. So konnte der Kronprinz noch an Ort und Stelle an der Flucht gehindert werden.

Der König erfuhr erst am nächsten Morgen, was vorgefallen war. Zunächst schwieg er. Als er aber wenige Tage später erfuhr, dass in Geldern ein gewisser Leutnant Keith – ein Bruder des Pagen – desertiert sei, erkannte er den Zusammenhang, den er, streng seiner Logik folgend, als Komplott wertete: Kronprinz, Keith und Katte als Fahnenflüchtige. Das war zu viel.

Friedrich Wilhelm I. ließ seinen Sohn wie einen Gefangenen nach Wesel abtransportieren. Die erste Vernehmung führte er selbst, und es ist wohl dem mutigen Einsatz des Festungskommandanten zu verdanken, dass der König den Erbprinzen nicht auf der Stelle mit dem Degen durchbohrte. Schließlich musste Friedrich in einem Verhör 185 vom König selbst aufgesetzte Fragen beantworten. Zuletzt diese, „ob er sein Leben wolle geschenkt haben" und „sich des Königs Gnade und Wille" unterwerfe.

Das Kriegsgericht fällte am 28. Oktober 1730 die Urteile: Todesstrafe für den geflüchteten Leutnant Keith, „ewige Festungshaft" für Katte, die der König prompt in ein Todesurteil verwandelte. Katte starb am 6. November 1730 vor den Augen Friedrichs durch das Schwert. Das Schicksal des Kronprinzen aber überließen die Richter dem Monarchen, der seinen Sohn schließlich begnadigte.

12 Uhr mittags mit Familie Jelzin

HOFGEFLÜSTER
Von Ulrich Krüger

Es ist Freitag, der 13. Mai 1994, als Schloss Ludwigsburg im Mittelpunkt der Weltöffentlichkeit steht. Boris Nikolajewitsch Jelzin, der Präsident der Russischen Förderation, und seine Frau Naina Jossifowna Jelzina haben sich zum Staatsbesuch angesagt. Es sollte ein unvergesslicher Tag für einige Beteiligte werden.

Während Baden-Württembergs Ministerpräsident Erwin Teufel mit seinem Gast zunächst zur Firma Alcatel SEL nach Zuffenhausen fährt, begleitet Edeltraud Teufel die Präsidentengattin, Frau Jelzina, zu einem Besichtigungsprogramm ins Schloss nach Ludwigsburg. Die russischen Gäste sollen mit einer multimedialen Neuheit – dem Bildtelefon – überrascht werden. Boris Jelzin soll aus Stuttgart mit seiner zur selben Zeit im Spielpavillon des Ludwigsburger Schlosses weilenden Ehefrau ein „Aug-in-Aug-Gespräch" führen. Weil alles auf die Sekunde genau klappen muss, erklärt der Protokollchef die Mittagsstunde zum Fixpunkt. Punkt zwölf muss Frau Jelzina vor dem Bildschirm sitzen.

Bis 11.59 Uhr verläuft alles glänzend. Der Bildschirm zeigt die auf die Stuttgarter Anlage zukommende Gästeschar. Der Präsident setzt sich vor den Bildschirm, um das Überraschungsgespräch mit seiner Frau zu führen. Boris Jelzin sieht in Ludwigsburg aber nur hilflos fragend dreinblickende Techniker und einen zunehmend nervöser werdenden Schlosschef. Die zweite Hauptperson für den bevorstehenden Dialog, Frau Jelzina, ist nicht da.

Für Sekunden mache ich mich mit dem Gedanken vertraut, die Situation retten zu müssen. Soll etwa der Leiter der Schlossverwaltung vor den Augen der Weltpresse den russischen Präsidenten begrüßen?

Gottlob, just in dem Augenblick, als ich dabei war, mir einige passende Worte zurechtzulegen, erscheint die Präsidentengattin. Noch bevor sie richtig erfasst, worum es geht, platzieren wir sie vor dem Bildschirm. Die Freude über den Blickkontakt des Präsidentenehepaars wird nur noch von unserer Erleichterung übertroffen.

Vor allem meiner Frau, die für das Damenprogramm im Schloss verantwortlich zeichnet, ist die Anspannung im Gesicht abzulesen. Wie sich später herausstellt, äußerte Frau Jelzina entgegen dem Protokoll den Wunsch, einen Blick in die Schlosskirche zu werfen. Dass sie damit den sorgfältig ausgeklügelten Zeitplan fast über den Haufen warf, konnte sie nicht ahnen. Doch mit zweiminütiger Verspätung hat noch alles geklappt. Und Freitag, der 13., seinen Schrecken verloren.

Der Besuch des russischen Präsidenten Jelzin hat die Schlossverwaltung vor einige Herausforderungen gestellt.

Die Legende der Emichsburg

Eigentlich, so möchte man als braver Untertan meinen, besitzt unsere Herrschaft doch genügend Renommee. Was also soll diese Burgruine, die seit 1802 den nördlichen Schlossgarten schmückt und die als Emichsburg dem Besucher vorgaukelt, hier

Die Wurzel der Württemberger

säße auf historischem Grund ein Herrscherhaus, dessen Wurzeln weit ins Dunkel der Vergangenheit zurückreichen?

Überhaupt der neue Garten: diese verschlungenen Wege, diese kleinen Seen und Steinbrüche – in England soll es ja der letzte Schrei sein. So ganz anders als die strenge Symmetrie des Südgartens. Das haben wir wohl der Gemahlin des Herzogs, der englischen Kronprinzessin Charlotte Auguste Mathilde, zu verdanken. Aber warum sich die Herrschaften ausgerechnet den Ritter Emich als angeblichen Ahnherrn des Hauses ausgesucht haben. Der Volksmund jedenfalls erzählt von einem Grafen Emich bei Ludwigsburg, der fast ein gemeiner Straßenräuber gewesen sei. Und eines Tages soll er von einigen Männern in eine tief im Wald verborgene Höhle gezogen worden sein, um von zwölf schwarz vermummten Richtern zum Tode verurteilt zu werden. Stattdessen hat der Ritter aber sein Schwert gezogen und den Richtern bis auf einem das Haupt vom Rumpf geschlagen.

Wären wir nicht rechtschaffene Untertanen, würden wir uns womöglich die Äußerung gestatten, dass sich die Württemberger vielleicht doch den richtigen Ahnherrn ausgesucht haben. Angesichts der Abgaben, mit denen das Volk ausgesaugt wird, mag einem schon der Gedanke kommen, dass sich vielleicht die Methoden geändert haben, aber das Raubrittertum fröhlich weiterlebt.

Transportable Klänge

Seltsam sieht er aus, dieser Holzkasten, der da im Vorraum der Fürstenloge in der Schlosskirche steht. Was dieser Holzkasten aber wirklich zu leisten vermag, das offenbart sich erst, wenn man eine bestimmte Klappe öffnet, die sich an der Rückseite befindet. Darunter verbirgt sich eine Tastatur, die sichtbar werden lässt, worum es sich bei diesem Holzkasten in Wirklichkeit handelt; es ist eine Orgel.

Die Feldorgel des Herzogs

Experten sagen, dass im Ludwigsburger Schloss die einzige noch funktionstüchtige Feldorgel Süddeutschlands aufbewahrt werde. Das mag sein. Faszinierend jedenfalls ist, welche Klänge dieses vermutlich um 1715 in Oberschwaben erbaute Instrument immer noch zu erzeugen vermag. Allerdings nicht einfach so. Zunächst müssen die Lakaien an jenen Riemen ziehen, welche den Blasebalg bewegen. Dieser wiederum produziert so viel Luft, wie der Organist braucht, um die entsprechenden Choräle zu spielen. Per Tastendruck wird die Luft in die richtigen Pfeifen geleitet. So weit, so gewöhnlich.

Das Besondere aber an diesem Instrument ist seine Transportfähigkeit. Einer Sänfte gleich kann die Orgel an zwei Stangen getragen werden – und davon wurde rege Gebrauch gemacht. Wenn die Herren auf einen Jagdausflug gingen, musste morgens zuerst die Orgel gespielt werden. Das allerdings passierte selten während des Transports, sondern an einem festen Platz. In der Regel wurde die Orgel auf die Ladefläche eines Wagen gehievt, von wo aus dann zum Feldgottesdienst gespielt wurde. Übrigens handelt es sich bei dieser Feldorgel um ein rein zivil genutztes Instrument. Jedenfalls ist nicht überliefert, dass die Orgel die hohen Herren auch auf ihren Feldzügen begleitet hätte.

Für eine evangelische Kirche viel zu prunkvoll: die Schlosskirche war von Anfang an auch als Grabkirche der württembergischen Herrscher angelegt.

„Ach Gott, nun ist er auch dahin"

Mehr oder weniger Frommes in der Ludwigsburger Schlosskirche

Vermutlich dürften es sehr zwiespältige Gedanken gewesen sein, die dem Dichter Friedrich Schiller durch den Kopf gingen, als er an jenem 31. Oktober des Jahres 1793 hier oben in der Fürstenloge der Ludwigsburger Schlosskirche stand, um zu beobachten, was sich dort unten vor dem Altar abspielte. Herzog Carl Eugen von Württemberg war gestorben. Zwar hatte ihn der Tod eine Woche zuvor in Hohenheim ereilt, wo der Herzog sich längst am wohlsten fühlte – in den Armen seiner zweiten Frau Franziska. Doch die Trauerfeier fand in Ludwigsburg statt, weil sich dort die Gruft der Württemberger befindet, in welche natürlich auch der Leichnam Carl Eugens zur letzten Ruhe gebettet werden musste.

Man sagt, es sei Zufall gewesen, dass sich Friedrich Schiller an jenem Tag in Ludwigsburg aufgehalten hat. Vielleicht war es das auch. Gewiss ist jedoch, dass ihm, der immer noch württembergischer Offizier und Regimentsmedicus war, Einlass gewährt wurde in die heiligen Hallen. Und gewiss ist auch, dass sein Verhältnis zu dem Verstorbenen ein durchaus ambivalentes war.

1759 im nahen Marbach geboren, hatte der jugendliche Schiller nicht nur die Lateinschule in Ludwigsburg besucht, sondern mit seiner Familie von 1766 an auch in jener Stadt gelebt, die dem Herzog – wieder – als Residenz diente. So verwundert es nicht, dass Carl Eugen bald Gefallen an dem Musterschüler fand und den Wunsch äußerte, der begabte Sohn des Wundarzts Johann Caspar Schiller möge seine Ausbildung an der Militärakademie, der späteren Hohen Carlsschule, fortsetzen. Das kam dem Junior freilich ungelegen; lieber wollte er am Tübinger Stift studieren und Pfarrer werden. Doch selbstverständlich war der Wunsch des Herrschers eher als Befehl zu verstehen, dem man sich nicht zu widersetzen hatte – auch ein Schiller nicht.

Also wurde der bürgerliche Friedrich 1773 gegen seinen Willen an der Militärakademie aufgenommen. Es muss eine Qual gewesen sein für den jungen Burschen, der sich sein Leben so ganz anders vorgestellt hatte. Dabei war die Carlsschule ein eigenartiges Gebilde, das – einem Zwitter gleich – auch die Widersprüchlichkeit des Herzogs spiegelte. „Zum einen", schreibt die Literaturwissenschaftlerin Andrea Hahn, sei die Akademie „von strengstem militärischen Drill" bestimmt gewesen. „Andererseits war sie eine moderne und aufgeklärte Bildungsanstalt (…), in der Adlige wie Bürgerliche aufgenommen wurden und nicht Geburtsprivilegien, sondern das Leistungsprinzip den Ausschlag gab." Daher seien für Friedrich Schiller die Jahre an der Hohen Carlsschule „nicht nur ein ungeliebtes

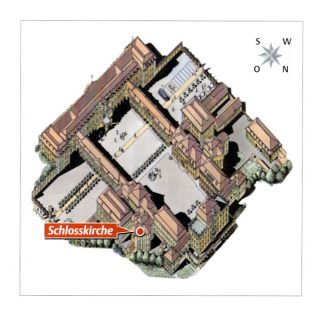

Brotstudium" gewesen, „sondern auch die Förderung durch Lehrer und Freunde".

Doch mit Abscheu betrachtete Schiller die andere Seite des Herzogs, der vor allem in seinen frühen Jahren für zweierlei bekannt war: für eine aus heutiger Sicht nahezu unvorstellbare Prunksucht und für die grausame Verschickung von württembergischen Soldaten, die in den Krieg zu ziehen hatten, um das ausschweifende Leben des Herrschers mit ihrem Blut zu bezahlen. An der Seite Frankreichs und Österreichs kämpften 6 000 Mann im Siebenjährigen Krieg gegen Preußen. 1786 verhökerte Carl Eugen weitere 3 200 Soldaten an die Ostindische Handelskompagnie. Sie sollten die holländische Kolonie am Kap der Guten Hoffnung und den indischen Handelsweg schützen. Nur eine Hand voll von ihnen kehrte nach mehr als zwanzig Jahren zurück. Der Herzog aber hatte seinen Säckel durch den Menschenhandel reichlich gefüllt.

Motive aus dieser Zeit und dieser Geschichte hat Friedrich Schiller unter anderem in seiner Tragödie „Kabale und Liebe" verarbeitet, in der er die Praxis des Soldatenverkaufs kritisiert. Auch im Trauerspiel „Die Braut von Messina", das Schiller in den Jahren 1802 und 1803 schrieb, finden sich Anleihen an Carl Eugen. Diesmal war es die Begräbnisfeier zu Ehren des gestorbenen Herzogs, die den Dichter inspirierte. „Mit schwarzem Flor behangen war das Schiff der Kirche. Zwanzig Genien umstanden mit Fackeln in den Händen den Altar, vor dem der Totensarg erhaben ruhte, mit weiß bekreuztem Grabestuch bedeckt. Und auf dem Grabtuch sah er dann den Stab der Herrschaft liegen, und die Fürstenkrone, das Schwert mit diamantenem Gehäng", notierte Schiller und baute auf dieser Szenerie ein Werk auf, das von mangelndem Vertrauen, verhängnisvollen Heimlichkeiten und zwei Söhnen handelt, die zu Tode kommen, weil ihre Mutter, die Fürstin von Messina, ein falsches Spiel mit ihnen getrieben hatte.

Deutlich lapidarer – und doch bemerkenswert unzweideutig in seinem Sarkasmus – fiel der Kommentar aus, der dem Dichter Friedrich Schiller

Carl Eugen hatte kein gutes Verhältnis zum Papst – auch wenn heute in der Herzogsloge ein Bildnis des Papstes Clemens IX. hängt.

über die Lippen gekommen sein soll, als er an jenem 31. Oktober des Jahres 1793 beobachtete, was sich vor dem Altar abspielte. „Ach Gott", sprach Schiller und blickte auf den Sarg des toten Herzogs Carl Eugen von Württemberg, „nun ist er auch dahin – ich habe ihm doch so viel zu danken."

Schiller soll, so sagt man, in der Fürstenloge der Ludwigsburger Schlosskirche gestanden haben, als er der Totenfeier für Carl Eugen beiwohnte. Ein privilegierter Platz war dies, sogar in Höhenmetern gerechnet. Denn des Herzogs Loge befindet sich um einiges über der Kanzel, von der aus der Hofprediger dem Hofstaat die Leviten liest. Nicht aber dem Fürsten. Der war nämlich nicht nur der irdische Herrscher über sein Land und seine Leute, sondern, als oberster Kirchenrepräsentant Württembergs, auch das geistliche Oberhaupt seines Volkes.

Carl Eugen freilich war zu Lebzeiten ein seltener Gast in seiner Loge. Lieber hat er seine Landpfarrer, zum Beispiel Philipp Matthäus Hahn in Kornwestheim oder den Garnisonsprediger Flattich auf dem Hohenasperg, mit seiner Anwesenheit beglückt. Denn es war den Geistlichen vorbehalten, in der Kirche sagen zu dürfen, was das Volk wirklich bedrückt. Hätte ein Bürgerlicher das gewagt, oh, er hätte den Hohenasperg sicher auch kennen gelernt – von innen.

Das Zerwürfnis mit dem Papst

Doch selbst wenn Carl Eugen anwesend war in seiner Kirchenloge, war er doch meilenweit entfernt von seinen Untertanen. Der Grund für die Distanz war so einfach wie schwer wiegend: Während die Bevölkerung zu praktisch hundert Prozent evangelisch war, glaubte Carl Eugen an die heilige katholische Kirche, die im Fall des Ludwigsburger Schlosses im Ostteil desselben residierte.

Am Hofe gab es also einen Hofkaplan, der war katholisch und predigte für den Herzog, der in seiner Loge saß und mehr oder weniger aufmerksam den Worten des Priesters lauschte. Gefielen ihm diese Worte nicht, was offenbar häufiger vorkam, sprang Carl Eugen auf, verließ seinen Ehrenplatz und schritt hinüber zur Ordenskapelle, in welcher der Gottesdienst nach dem evangelischen Ritus gefeiert wurde. Dort saß Franziska von Hohenheim, seine zweite Gemahlin, und wusste, was die Stunde geschlagen hatte, wenn plötzlich einer wild gegen die Kirchentür klopfte und lauthals befahl, dass es jetzt genüge mit der Gottesanbeterei. Franziska musste raus, um ihren Gatten zu besänftigen – was, so heißt es, nicht immer gelang.

Wie kritisch des Herzogs Verhältnis zu seiner Kirche war, zeigt auch die Geschichte vom Besuch Carl Eugens in Rom. Dort sollte der Herzog von Württemberg zeremoniell dem Papst die Füße küssen. Carl Eugen weigerte sich, dies zu tun – womit das Zerwürfnis zwischen den beiden Herren perfekt war.

Dennoch hängt ein Gemälde des Papstes in der herzoglichen Loge der Ludwigsburger Schlosskirche. Das Bild zeigt allerdings Papst Clemens IX., der nur von 1667 bis 1669 (und hundert Jahre vor Carl Eugen) amtierte. Angeblich hat Carl Eugen aber auch das Bild dieses längst verstorbenen Papstes mit keinem Blick gewürdigt.

*E*in Lump hat zwei Weiber

Lieber schaute der Herzog von seiner Loge aus hinüber zur Empore, wo die Hofdamen saßen und den Gottesdienst verfolgten. Weiden durfte sich der Fürst an den schönen Kleidern der Damen, entscheidend aber war ein Detail an deren Backe, so geht die Legende bis heute im Schloss. Dorthin nämlich hatten die Hofdamen für gewöhnlich ein Schönheitspflästerchen geklebt, das angeblich eine für den Hormonhaushalt des Herzogs nicht unerhebliche Rolle spielte: Saß das Pflästerchen an der linken Wange, sei der Tag gut gewesen für Carl Eugen. Prangte es auf der rechten Wange, eher nicht.

So regierte Carl Eugen letztlich in der guten, alten Tradition des Schlossgründers Eberhard Ludwig, welche sich sogar in das Wappen jenes Ofens eingebrannt hat, der die herzogliche Loge in der Schlosskirche beheizte. Fünf Buchstaben zieren den Ofen: E, L, H, Z und W. Ausgeschrieben stehen die Lettern für Eberhard Ludwig Herzog zu Württemberg. Hinter vorgehaltener Hand hieß das freilich ganz anders: Ein Lump hat zwei Weiber.

„Und erlöse uns von dem Übel"

HOFGEFLÜSTER
Von Ulrich Krüger

Manchmal ist es ein Kreuz mit den Herzögen und ihren Herzensdamen. Vor allem Carl Eugen rühmte sich oft und gerne diverser Liebschaften. Eine seiner Favoritinnen ist die Sängerin Elisabeth Katherina Bonafini. Der Herzog lernt sie 1766 im Theater in Venedig kennen. Bonafini ist zu dieser Zeit 16 Jahre alt. In den Jahren 1767 bis 1771 ist sie fast täglich in der Begleitung des Herzogs. Um Unannehmlichkeiten mit dem strengen Hofprotokoll zu vermeiden, schlüpft die junge Sopranistin gerne in Männerkleidung. So begleitet sie Herzog Carl Eugen auch auf Jagdausflügen.

Ein besonderes Vergnügen bereitet es Carl Eugen offensichtlich, seine Maitressen mit der „Wurst", einem offenen Jagdwagen mit seitlichen Längssitzen, durchs Gelände zu fahren. So kann man im Tagebuch des Adjutanten und engen Vertrauten des Herzogs von Buwinghausen, am 16. Juni 1768 nachlesen: „Die Madame Missieri, Mesdemoiselles Kurtzin, Bonani und Monti aßen mit an der Tafel. Der Herzog führte abends die Damen spazieren." Am 2. Juli 1768 notiert Buwinghausen, dass Mademoiselle Bonafini einen Sohn geboren habe. Am folgenden Tag wird die Taufe im Metzschen Haus in Ludwigsburg im Beisein von Herzog Carl Eugen gefeiert. Das Kind erhält den Namen Carl.

Ein halbes Jahr später verkündet ein Kurier dem Herzog auf einer Reise, dass die „Mademoiselle Kurtzin mit einem Sohn in Ludwigsburg niedergekommen sei". Einen Tag später notiert Herr von Buwinghausen in Urach in seinem Reisetagebuch: „Morgens um drei Uhr fuhren der Herzog mit der Mademoiselle Bonafini nach Ludwigsburg, um die Mademoiselle Kurtzin in der Kindbett zu besuchen, um zehn Uhr waren Sie schon wieder auf dem Einsiedel und regulierten sowohl das herrschaftliche als das Land-Gestüte zum Beschehlen."

So schnell kann's gehen. Doch auch der Schlossgründer, Herzog Eberhard Ludwig, hat sich gerne mit seiner Maitresse vergnügt, die Christine Wilhelmine Friederike von Grävenitz hieß und mehr als 25 Jahre lang sein Leben und damit auch die Geschicke des Landes bestimmte. Auf der Höhe ihrer Macht verlangte die Grävenitz gar, in das Fürbittegebet des sonntäglichen Gottesdienstes aufgenommen zu werden. „Gräfin, das geschieht bereits seit vielen Jahren immer in der siebten Bitte des Vater Unser", entgegnete schlagfertig der protestantische Oberhofprediger, Pfarrer Samuel Urlsperger.

Nun, verehrte Leser: Zählen Sie die Bitten, wie sie uns das Vater Unser lehrt, ruhig einmal mit. Und, richtig: die siebte lautet unmissverständlich „…und erlöse uns von dem Übel".

Das Kreuz im Barte des Todes

Über das Ende allen Seins – die Gruft derer von Württemberg

Zu allen Zeiten war die Gruft unter der Ludwigsburger Schlosskirche ein Ort der Ruhe. Kein Lebender sollte sich dort aufhalten, es sei denn, ein zwingender Grund hatte sich ergeben – doch was sonst konnte ein Grund sein als der Tod selbst, der einen aus der Familie derer von Württemberg dahin gerafft hatte? Zu Lebzeiten aber blieb die Gruft verschlossen; mehr noch: Die Pforte dorthin war zugemauert, und bei jeder Beisetzung war es die Aufgabe des Hofbaumeisters, den Abbruch der Vermauerung zu überwachen, die Gruft aufzuschließen und hernach alles wieder in den alten Zustand zu versetzen.

Gebrochen hat mit dieser Tradition erst König Wilhelm I., der Sohn und Nachfolger des ersten württembergischen Königs Friedrich I. Seiner Stiefmutter Charlotte Mathilde zuliebe verordnete Wilhelm beim Tode seines Vaters, dass die Gruft nun nicht mehr zugemauert, sondern nur noch verschlossen werde, damit die Königinwitwe jederzeit zum Sarg ihres Gemahls gelangen könne. Zu diesem Zweck wurde ihr ein besonderer Schlüssel ausgehändigt; einer, der das christliche Kreuz im Barte trägt. Bis zum heutigen Tage öffnet allein dieser Schlüssel die Pforte zur Gruft. Eintritt wird nur der Familie gewährt. Der Öffentlichkeit bleibt die Gruft verschlossen.

Die Gründung der Gruft

Den Auftrag zum Bau der Gruft erhielt der italienische Baumeister Paolo Retti im Jahre 1719. Ein erstaunlicher Befehl war dies, da erst drei Jahrzehnte zuvor die Gruft unter der Stuttgarter Stiftskirche erweitert worden war. Doch der Ludwigsburger Schlossgründer Eberhard Ludwig hatte in jener Zeit nicht nur mit seiner Gattin Johanna Elisabetha gebrochen, sondern auch mit der Residenzstadt Stuttgart und dem alten Schloss dortselbst, das ihm doch eher als Trutzburg erschien – ungeeignet jedenfalls, um ein süßes Leben mit seiner Maitresse und obendrein einen prunkvollen Hof zu führen.

Auch die letzte Ruhe wollte Eberhard Ludwig in seiner prachtvollen Ludwigsburg finden. Als erster Leichnam wurde jedoch nicht der Gründer selbst, sondern sein am 23. November 1731 gestorbener Sohn, Erbprinz Friedrich Ludwig, in der neuen Gruft beigesetzt. Der Schmerz des Herzogs muss groß gewesen sein. Denn schon zwölf Jahre zuvor war Eberhard Ludwigs Enkel Eberhard Friedrich gestorben – nach fünf Lebensmonaten. So hatte der Regent nicht nur den Verlust seines eigenen Sohnes und Enkels zu beklagen, sondern auch zu gewärtigen, dass die Thronfolge auf den zum katholischen Glauben konvertierten Carl Alexander übergehen würde. Eberhard Ludwig bestimmte aber, dass die Ludwigsburger Schlosskirche für immer dem evangelischen Gottesdienst vorbehalten bleiben müsse.

Das Herz bekommt einen Ehrenplatz unter dem Kopf

Doch Carl Alexander scherte sich nicht um die Wünsche seines Vorgängers. Völlig selbstverständlich öffnete er die Schlosskirche für die katholische Geistlichkeit. Wenige Tage vor seinem Tod am 12. März 1737 bestimmte der Herzog in seinem Testament überdies, dass „unser Fürstlicher Leichnam nach unserem tödlichen hintritt Zwar Fürstlich – jedoch Militarisch ohne besonderes gepräng und Costen nach dem bey Unserem Fürstlichen Hauß in solchen Fällen vielfältigen üblichen Herkommen Zur Erden bestattet – und in die Kruft zu Ludwigsburg in die alldortige Hof=Kirch eingesenket" werden soll. Gleichzeitig legte er auch fest,

*Die Gruft ist für die Öffentlichkeit nicht zugänglich.

Am Ende wieder in Württemberg: Katharina, die Tochter von König Friedrich, wurde in ihrem Leben oftmals von den politischen Verwicklungen durch Europa getrieben.

dass „die Catholische geistlichkeit nach des Catholischen glaubens herkommen und gebrauch Unß Zur Erden bestättigen" solle.

Tatsächlich ist Carl Alexander nach einem vergleichsweise bescheidenen Ritus bestattet worden. Es heißt, dass die Leichenfeier erst Monate nach der Beisetzung des so genannten Innensargs in der Gruft abgehalten worden war. Der Historiker Harald Schukraft berichtet über Carl Alexander: „Nachdem seine Eingeweide bereits am 17. März im Fußboden der Gruft versenkt worden waren, erfolgte am 6. April mit der ‚stillen Beysetzung' die Bestattung des Leichnams in einem mit schwarzem Samt bezogenen Sarg. Stattdessen wurde im Schloss auf dem Paradebett bis zur ‚solennen Beysetzung' der leere und mit rotem Samt bezogene Prunksarg aus Holz aufgestellt. Dieser Außensarg befand sich am 11. Mai in dem von Hofarchitekt Salomon Gottlieb Schwegler aufwendig gestalteten Castrum doloris, und über ihm wurde auch die Aussegnung vollzogen.

Danach senkte man den leeren, aber geweihten Sarg in die Gruft und stellte den schwarzen Innensarg mit dem Leichnam Carl Alexanders in diesen hinein. Erst jetzt war die Bestattung des Herzogs vollzogen."

Es war bei den Württembergern zu jener Zeit üblich, dass ihre sterbliche Hülle zunächst in einen relativ schmucklosen, schwarzen Holzsarg gebettet wurde. Davon unabhängig wurden die Eingeweide der Toten entweder im Fußboden der Gruft versenkt oder in einem Behälter am Fußende des Sarges aufbewahrt. Das Herz bekam dagegen einen Ehrenplatz in einer Kapsel unter dem Kopfkissen des Verstorbenen – oder es wurde, wie etwa jenes von Katharina, der Königin von Westfalen, in die Nähe des liebsten Gemahls gebracht, der in diesem Fall Jérôme Bonaparte hieß und im Invalidendom zu Paris bestattet ist.

Nicht einmal vom Protz, der das Leben und die Regierungszeit des 1793 gestorbenen Herzogs Carl Eugen gekennzeichnet hatte, ist viel geblieben

Denkmal für Carl Alexander – der Herzog selbst liegt in einem Sarg vor dem Epitaph.

dort unten in der Ludwigsburger Gruft. Ein mit rotem Samt bezogener Sarg ist's, der neben dem seiner Mutter Maria Augusta auf der einen Seite steht und auf der anderen Seite flankiert wird vom Sarg seines Bruders Ludwig Eugen, der ihm auf dem Thron gefolgt war. Doch kein zusätzliches Geschmeide, kein Gold und Edelstein ziert die Grabstätte des zu Lebzeiten so schillernden Fürsten in der Gruft der Ludwigsburger Schlosskirche.

18 Katholiken, 16 Protestanten und ein Schiedsrichter

Dennoch zählt die Ludwigsburger Gruft zu den bedeutendsten Totenstätten des Hauses Württemberg. Insgesamt stehen dort 35 Särge; sechs Regenten, vier Herzoginnen und drei Königinnen liegen hier begraben. Eine Übersicht über alle Leichname, die in der Ludwigsburger Gruft bestattet worden sind, findet sich im Anhang dieses Buches.
Die Ludwigsburger Gruft ist unterteilt in einen katholischen und einen evangelischen Teil.

Auch im Tod ein mächtiger Anblick: der Sarg von Friedrich entspricht in der Größe dem König.

Verbunden sind die beiden Kammern durch einen Gang, in dem sich ebenfalls ein Sarg befindet: der des Herzogs Friedrich Eugen. Das ist kein Zufall: Friedrich Eugen, 1732 als jüngster Sohn des Herzogs Carl Alexander geboren, war noch katholischen Glaubens. Erst 1795, nach dem Tod seiner beiden älteren Brüder Carl Eugen und Ludwig Eugen, hatte er den Thron bestiegen – im stolzen Alter von 63 Jahren. Verheiratet – und zwar glücklich – war Friedrich Eugen 44 Jahre lang mit Friederike Sophia Dorothea von Brandenburg-Schwedt, einer Protestantin. Acht Söhne und vier Töchter hatten die beiden – und alle wurden dem Ehevertrag entsprechend nach protestantischem Ritus erzogen.

So kommt es auch, dass Friedrich Eugens Sarg nun zwischen der katholischen und protestantischen Abteilung in der Gruft steht: Seine Frau und seine Kinder waren bereits evangelisch, er selbst aber ist dem katholischen Glauben treu geblieben.

So ist es auch nicht verwunderlich, dass Friedrich Eugens Sarg der katholischen Abteilung der Gruft zugerechnet wird – womit sich die Zahl der dort ruhenden Personen auf 19 erhöht. Im protestantischen Teil der Gruft sind dagegen nur 16 Personen beigesetzt worden, darunter eben jener Eberhard Ludwig, der das Schloss erbauen ließ.

Da liegen sie, die stolzen Fürstentrümmer

Wie das Volk seine Herrscher sah, beschrieb Christian Friedrich Daniel Schubart 1780 in dem Gedicht „Die Fürstengruft". Entstanden ist das Werk auf dem Hohenasperg, wo der Freidenker zehn Jahre – von 1777 bis 1787 – gefangen war. Herzog Carl Eugen hielt Schubart für eine Art von deutschem Voltaire und wollte an ihm ein Exempel statuieren: Seine Überzeugungen sollten gebrochen werden, um auf diese Weise auch den Widerstand des Volkes zu brechen. Carl Eugen bediente sich hierzu eines pädagogischen Experiments: Schubart sollte zu einem kirchentreuen Untertan umerzogen werden.

Das Vorhaben misslang. Denn trotz der Isolation im Kerker gelangte Schubarts „Fürstengruft" nach draußen und wurde dort fast noch schneller verbreitet als die herzoglichen Erlasse.

Am 11. Mai 1787 wurde Christian Friedrich Daniel Schubart aus der Haft entlassen. Als Gnadenbrot erhielt er eine Stelle als Hofpoet, Musik- und Theaterdirektor in Stuttgart. Doch bis zu seinem Tode litt Schubart unter Depressionen. Er starb am 10. Oktober 1791 im Alter von 52 Jahren an so genanntem Schleimfieber. Begraben wurde er auf dem Hoppenlau-Friedhof in Stuttgart.

Die Fürstengruft

Da liegen sie, die stolzen Fürstentrümmer,
Ehmals die Götzen ihrer Welt!
Da liegen sie, vom fürchterlichen Schimmer
Des blassen Tags erhellt!

Die alten Särge leuchten in der dunklen
Verwesungsgruft wie faules Holz,
Wie matt die großen Silberschilde funkeln!
Der Fürsten letzter Stolz.

Entsetzen packt den Wandrer hier am Haare,
Geußt Schauer über seine Haut,
Wo Eitelkeit, gelehnt an eine Bahre,
Aus hohlen Augen schaut.

Wie fürchterlich ist hier des Nachhalls Stimme!
Ein Zehentritt stört seine Ruh.
Kein Wetter Gottes spricht mit lauterm Grimme:
O Mensch, wie klein bist du!

Denn ach! hier liegt der edle Fürst! der Gute!
Zum Völkersegen einst gesandt,
Wie der, den Gott zur Nationenrute
Im Zorn zusammenband.

An ihren Urnen weinen Marmorgeister;
Doch kalte Tränen nur von Stein,
Und lachend grub – vielleicht ein welscher Meister,
Sie einst dem Marmor ein.

Da liegen Schädel mit verloschnen Blicken,
Die ehmals hoch herabgedroht,
Der Menschheit Schrecken! Denn an ihrem Nicken
Hing Leben oder Tod.

Nun ist die Hand herabgefault zum Knochen,
Die oft mit kaltem Federzug
Den Weisen, der am Thron zu laut gesprochen,
In harte Fesseln schlug.

Zum Totenbein ist nun die Brust geworden,
Einst eingehüllt in Goldgewand,
Daran ein Stern und ein entweihter Orden
Wie zween Kometen stand.

Vertrocknet und verschrumpft sind die Kanäle,
Drin geiles Blut wie Feuer floß,
Das schäumend Gift der Unschuld in die Seele,
Wie in den Körper goß.

Sprecht, Höflinge, mit Ehrfurcht auf der Lippe,
Nun Schmeichelein ins taube Ohr!
Verräuchert das durchlauchtige Gerippe
Mit Weihrauch wie zuvor!

Er steht nicht auf, euch Beifall zuzulächeln,
Und wiehert keine Zoten mehr,
Damit geschminkte Zofen ihn befächeln,
Schamlos und geil wie er.

Sie liegen nun, den eisern Schlaf zu schlafen,
Die Menschengeißeln, unbetraurt!
Im Felsengrab, verächtlicher als Sklaven,
In Kerker eingemaurt.

Sie, die im ehrnen Busen niemals fühlten
Die Schrecken der Religion
Und gottgeschaffne, beßre Menschen hielten
Für Vieh, bestimmt zur Fron;

Die das Gewissen, jenem mächt'gen Kläger,
Der alle Schulden niederschreibt,
Durch Trommelschlag, durch welsche Trillerschläger
Und Jagdlärm übertäubt;

Die Hunde nur und Pferd' und fremde Dirnen
Mit Gnade lohnten und Genie
Und Weisheit darben ließen; denn das Zürnen
Der Geister schreckte sie.

Die liegen nun in dieser Schauergrotte,
Mit Staub und Würmern zugedeckt,
So stumm! So ruhmlos! – Noch von keinem Gotte
Ins Leben aufgeweckt.

Weckt sie nur nicht mit eurem bangen Ächzen,
Ihr Scharen, die sie arm gemacht,
Verscheucht die Raben, daß von ihrem Krächzen
Kein Wütrich hier erwacht!

Hier klatsche nicht des armen Landmanns Peitsche
Die nachts das Wild vom Acker scheucht!
An diesem Gitter weile nicht der Deutsche,
Der siech vorüberkeucht!

Hier heule nicht der bleiche Waisenknabe,
Dem ein Tyrann den Vater nahm;
Nie fluche hier der Krüppel an dem Stabe,
Von fremdem Solde lahm.

Damit die Quäler nicht zu früh erwachen;
Seid menschlicher, erweckt sie nicht.
Ha! früh genug wird über ihnen krachen.
Der Donner am Gericht.

Wo Todesengel nach Tyrannen greifen,
Wenn sie im Grimm der Richter weckt,
Und ihre Gräul zu einem Berge häufen,
Der flammend sie bedeckt.

Ihr aber, beßre Fürsten, schlummert süße
Im Nachtgewölbe dieser Gruft!
Schon wandelt euer Geist im Paradiese,
Gehüllt in Blütenduft.

Jauchzt nur entgegen jenem großen Tage,
Der aller Fürsten Taten wiegt,
Wie Sternenklang töne euch des Richters Waage,
Drauf eure Tugend liegt.

Ach, unterm Lispel eurer frohen Brüder –
Ihr habe sie satt und froh gemacht,
Wird eure volle Schale sinken nieder,
Wenn ihr zum Lohn erwacht.

Wie wird's euch sein, wenn ihr vom Sonnenthrone
Des Richters Stimme wandeln hört:
„Ihr Brüder, nehmt auf ewig hin die Krone,
Ihr seid zu herrschen wert."

(Christian Friedrich Daniel Schubart)

Eine Urne voller Liebesbeweise

HOFGEFLÜSTER
Von Ulrich Krüger

Keineswegs ist es so, dass nur die Staatsräson (und der Profit) verantwortlich waren für die Hochzeiten, die einst zwischen Prinzen und Prinzessinnen geschlossen worden sind. Mitunter war auch Liebe im Spiel. So etwa beim württembergischen Herzog Friedrich Eugen, dem jüngsten Bruder von Carl Eugen, der 1795 die Regierungsgeschäfte übernahm, und seiner Gemahlin Friederike Sophia Dorothea von Brandenburg-Schwedt.

44 Jahre lang waren die beiden verheiratet, acht Söhne und vier Töchter gebar die treue Frau ihrem Mann in der Zeit, was ihr später den Ruf einbrachte, die Schwiegermutter Europas zu sein. Und in der Tat gelten Friedrich Eugen und Friederike Sophia Dorothea als Stammeltern aller bis heute lebenden Mitglieder des württembergischen Fürstenhauses. Ihr ältester Sohn Friedrich war zudem jener Herzog, dem später die Ehre widerfuhr, zum ersten König von Württemberg – von Napoleons Gnaden – gekürt zu werden.

Das freilich erlebten seine Eltern nicht mehr. Innerhalb von drei Monaten starben beide, und ihrem letzten Willen entsprechend sind nicht nur die Särge des Paares in der Gruft des Ludwigsburger Schlosses in unmittelbarer Nähe zueinander aufgestellt. Zwischen den Särgen steht auch eine Marmorurne, in welcher die Asche all der Liebesbriefe aufbewahrt wird, die sich die beiden im Lauf der Jahre geschrieben haben. Eine Messingtafel an der Urne trägt die Inschrift: „Asche des zärtlichsten Briefwechsels zwischen Friedrich gest. 23. 12. 1797 und Dorothea gest. 9. 3. 1798".

Wie prosaisch klingt dagegen der berufliche Werdegang des spät berufenen Herzogs. 1741 wurde Friedrich Eugen zusammen mit seinen Brüdern Carl Eugen und Ludwig Eugen zur Erziehung für einige Jahre an den preußischen Hof Friedrichs des Großen geschickt. Zunächst war er für den geistlichen Stand bestimmt, doch trat er schon 1749, mit 17 Jahren, in den preußischen Militärdienst ein. Dort machte er Karriere und stieg nach ruhmreicher Beteiligung an mehreren Schlachten zum Generalleutnant der Reiterei auf.

1769 zog Friedrich Eugen in das ihm von seinem Bruder Carl Eugen überlassene Schloss in Mömpelgard, das heute Montbéliard heißt, in Frankreich liegt und eine der Partnerstädte Ludwigsburgs ist. Bis 1793 aber war Mömpelgard eine württembergische Grafschaft. Dortselbst wurde Friedrich Eugen zum Statthalter ernannt, musste sein Herrschaftsgebiet jedoch im Jahre 1791 im Zuge der französischen Revolution fluchtartig verlassen.

Wer in der Ludwigsburger Gruft liegt

In der protestantischen Abteilung

Friedrich Ludwig, Erbprinz von Württemberg, Sohn des Schlossgründers Eberhard Ludwig, geboren am 14. Dezember 1698 in Stuttgart, gestorben am 23. November 1731 in Ludwigsburg.

Eberhard Ludwig, Herzog von Württemberg, Gründer von Schloss und Stadt Ludwigsburg, geboren am 18. September 1676 in Stuttgart, gestorben am 31. Oktober 1733 in Ludwigsburg.

Johanna Elisabetha von Baden-Durlach, Gemahlin des württembergischen Herzogs Eberhard Ludwig, geboren am 3. Oktober 1680 in Karlsburg, gestorben am 2. Juli 1757 in Stetten im Remstal.

Maximilian Wilhelm Ferdinand Karl, Herzog von Württemberg, geboren am 3. September 1828 in Neresheim, gestorben am 28. Juli 1888 in Regensburg.

Hermine zu Schaumburg-Lippe, Gemahlin von Maximilian Wilhelm Ferdinand Karl, geboren am 5. Oktober 1845 in Bückeburg, gestorben am 23. Dezember 1930 in Regensburg.

August Friedrich Eberhard, Prinz von Württemberg, geboren am 24. Januar 1813 in Stuttgart, gestorben am 12. Januar 1885 in Zehdenick.

Pauline Theresia Louise, Königin von Württemberg, dritte Gemahlin von König Wilhelm I., geboren am 4. September 1800 in Riga, gestorben am 10. März 1873 in Stuttgart.

Katharina Friederike Charlotte, Prinzessin von Württemberg, Gemahlin von Prinz Friedrich von Württemberg, Mutter von König Wilhelm II. von Württemberg, geboren am 24. August 1821 in Stuttgart, gestorben am 6. Dezember 1898 in Stuttgart.

Friedrich Karl August, Prinz von Württemberg, Vater von König Wilhelm II. von Württemberg, geboren am 21. Februar 1808 auf Schloss Comburg, gestorben am 9. Mai 1870 in Stuttgart.

Katharina Friederike Sophia Dorothea, Prinzessin von Württemberg, Königin von Westfalen, Gattin von Jérôme Bonaparte, Bruder von Napoleon Bonaparte. Geboren am 21. Februar 1783 in St. Petersburg, gestorben am 28. November 1835 in Lausanne.

Friedrich I., König von Württemberg, geboren am 6. November 1754 in Treptow, gestorben am 30. Oktober 1816 in Stuttgart.

Charlotte Auguste Mathilde, Prinzessin von Großbritannien, Königin von Württemberg, zweite Gemahlin von König Friedrich, geboren am 29. September 1766 in London, gestorben am 6. Oktober 1828 in Ludwigsburg.

Tochter von Friedrich und Charlotte Mathilde, die am 26. April 1798 tot geboren wurde.

Karl Paul Friedrich, Prinz von Württemberg, geboren am 7. März 1809, gestorben am 28. Mai 1810.

Charlotte Catharina Georgine Friederike Luise Sophie von Sachsen-Hildburghausen, Gemahlin von Prinz Paul Friedrich Karl August von Württemberg, geboren am 17. Juni 1787 in Hildburghausen, gestorben am 12. Dezember 1847 in Bamberg.

Friederike Sophia Dorothea von Brandenburg-Schwedt, Gemahlin von Herzog Friedrich Eugen von Württemberg, geboren am 18. Dezember 1736 in Schwedt, gestorben am 9. März 1798 in Stuttgart.

Zwischen der protestantischen und der katholischen Abteilung:

Friedrich Eugen, Herzog von Württemberg, geboren am 21. Januar 1732 in Stuttgart, gestorben am 22. Dezember 1797 im Schloss Hohenheim in Stuttgart.

In der katholischen Abteilung:

Friederike Wilhelmine Auguste Louise Charlotte, das einzige eheliche Kind des Herzogs Carl Eugen, geboren am 19. Februar 1750 in Stuttgart, gestorben am 12. März 1751 in Stuttgart.

Anhang

Carl Alexander, Herzog von Württemberg, geboren am 24. Januar 1684 in Stuttgart, gestorben am 12. März 1737 in Ludwigsburg.

Maria Auguste von Thurn und Taxis, Gemahlin von Herzog Carl Alexander, geboren am 11. August 1706 in Brüssel, gestorben am 1. Februar 1756 in Göppingen.

Carl Eugen, Herzog von Württemberg, geboren am 11. Februar 1728 in Brüssel, gestorben am 24. Oktober 1793 im Schloss Hohenheim in Stuttgart.

Ludwig Eugen, Herzog von Württemberg, geboren am 6. Januar 1731 in Frankfurt am Main, gestorben am 20. Mai 1795 in Ludwigsburg.

Sophie Albertine von Beichlingen, Gemahlin von Ludwig Eugen, geboren am 15. Dezember 1728 in Dresden, gestorben am 10. Mai 1807 im Schloss Winnenthal.

Wilhelm Karl, Herzog von Urach, Graf von Württemberg, geboren am 3. März 1864 in Monaco, gestorben am 24. März 1928.

Amalie Marie von Bayern, Gemahlin des Herzogs Wilhelm Karl von Urach, geboren am 24. Dezember 1865 in München, gestorben am 26. Mai 1912 in Stuttgart.

Karl Joseph Wilhelm, Fürst von Urach, geboren am 15. Februar 1865 in Ulm, gestorben am 5. Dezember 1925 in Stuttgart.

Florestine Gabriele Antoinette Grimaldi, Tochter des Fürsten Tancred Florestan I. Roger Ludwig von Monaco, zweite Gemahlin von Herzog Friedrich Wilhelm von Urach, geboren am 22. Oktober 1833 in Fontenay, gestorben am 24. April 1897 in Stuttgart.

Friedrich Wilhelm, Graf von Württemberg, Herzog von Urach, geboren am 6. Juli 1810 in Stuttgart, gestorben am 16. Juli 1869 auf Schloss Lichtenstein.

Theodolinde Louise Eugenie Auguste Napoleone von Leuchtenberg, erste Gemahlin von Herzog Friedrich Wilhelm von Urach, geboren am 13. April 1814 in Mantua, gestorben am 1. April 1857 in Stuttgart.

Eugenie Amalie Auguste Wilhelmine Theodolinden von Urach, Tochter des Herzogs Friedrich Wilhelm von Urach aus erster Ehe, geboren am 13. September 1848, gestorben am 26. November 1867 in Stuttgart.

Paul Friedrich Karl August, Prinz von Württemberg, Sohn von König Friedrich I., geboren am 19. Januar 1785 in St. Petersburg, gestorben am 16. April 1852 in Paris.

Auguste Elisabeth von Thurn und Taxis, geboren am 30. Oktober 1734 in Stuttgart, gestorben am 4. Juni 1787 in Hornberg.

Friedrich Johann von Thurn und Taxis, geboren 1772, gestorben 1805.

Sophia Dorothea Caroline von Thurn und Taxis, Gemahlin von Herzog Paul von Württemberg, geboren am 4. März 1800 in Regensburg, gestorben am 20. Dezember 1870 ebenfalls in Regensburg.

Marie Gabriele Karola Josepha Sophie Mathilde, Fürstin von Urach, geboren am 22. Juni 1893 in Stuttgart, gestorben am 19. März 1908 ebenfalls in Stuttgart.

Fürsten der Ahnengalerie
In der Reihenfolge bei der Führung

König Wilhelm II. (25. 2. 1848 – 2. 10. 1921)
Regierungszeit: 1891 – 1918
vierter und letzter König von Württemberg

König Karl (6. 3. 1823 – 6. 10. 1891)
Regierungszeit: 1864 – 1891
dritter König von Württemberg
Sohn König Wilhelms I. von Württemberg und
seiner Gemahlin Pauline

Königin Pauline Therese Luise (4. 9. 1800 – 10. 3. 1873)
dritte Gemahlin König Wilhelms I. von Württemberg, Mutter König Karls I. von Württemberg

König Wilhelm I. (27. 9. 1781 – 25. 6. 1864)
Regierungszeit: 1816 – 1864
zweiter König von Württemberg
Sohn König Friedrichs I. von Württemberg und
seiner ersten Gemahlin Auguste Karoline

Herzogin Auguste Karoline (3. 8. 1764 – 27. 9. 1788)
erste Gemahlin Friedrichs von Württemberg
(Erbprinzenzeit), Mutter König Wilhelms I. von
Württemberg

König Friedrich I. (6. 11. 1754 – 30. 10. 1816)
Regierungszeit: 1797 – 1816
letzter Herzog – 1803, erster und letzter Kurfürst –
1806, erster König von Württemberg – 1816

Herzogin Friederike Sophie Dorothee
(18. 12. 1736 – 9. 3. 1798)
Gemahlin Herzog Friedrich Eugens von
Württemberg, Mutter König Friedrichs von
Württemberg

Herzog Friedrich Eugen (21. 1. 1732 – 22. 12. 1797)
Regierungszeit: 1795 – 1797
vierzehnter Herzog von Württemberg
Sohn Herzog Carl Alexanders von Württemberg
und seiner Gemahlin Maria Augusta

Herzog Ludwig Eugen (6. 1. 1731 – 20. 5. 1795)
Regierungszeit: 1793 – 1795
dreizehnter Herzog von Württemberg
Sohn Herzog Carl Alexanders von Württemberg
und seiner Gemahlin Maria Augusta

Herzog Carl Eugen (11. 2. 1728 – 24. 10. 1793)
Regierungszeit: 1744 – 1793
zwölfter Herzog von Württemberg
Sohn Herzog Carl Alexanders von Württemberg und
seiner Gemahlin Maria Augusta

Herzog-Administrator Carl Friedrich von Württemberg-Oels (17. 2. 1690 – 14. 12. 1761)
Vormund für den 10-jährigen Herzog Carl Eugen
1738 – 1744

Herzog-Administrator Carl Rudolph von Württemberg Neuenstadt (29. 5. 1667 – 17. 11. 1742)
Vormund für den 9-jährigen Herzog Carl Eugen
1737 – 38

Herzogin Maria Augusta (11. 8. 1706 – 1. 2. 1756)
Gemahlin Herzog Carl Alexanders von Württemberg,
Mutter der Herzöge Carl-, Ludwig- und Friedrich
Eugen

Herzog Carl Alexander von Württemberg
(24. 1. 1684 – 12. 3. 1737)
Regierungszeit: 1733 – 1737
elfter Herzog von Württemberg
Sohn des Herzog-Administrators Friedrich Karl
von Württemberg-Winnental und seiner Gemahlin
Eleonora Juliana

Herzog Eberhard Ludwig von Württemberg
(18. 9. 1676 – 31. 10. 1733)
Regierungszeit: 1693 – 1733
zehnter Herzog von Württemberg
Sohn Herzog Wilhelm Ludwigs von Württemberg
und seiner Gemahlin Magdalena Sibylla

Herzog Wilhelm Ludwig von Württemberg
(7. 1. 1647 – 23. 6. 1677)
Regierungszeit: 1674 – 1677
neunter Herzog von Württemberg
Sohn Herzog Eberhards III. von Württemberg
und seiner Gemahlin Anna Catharina

Herzogin Anna Catharina (27. 1. 1614 – 27. 6. 1655)
Gemahlin Herzog Eberhards III. von Württemberg,
Mutter Herzog Wilhelm Ludwigs

Herzog Eberhard III. (16. 12. 1614 – 2. 7. 1674)
Regierungszeit 1633 – 1674
achter Herzog von Württemberg
Sohn Herzog Johann Friedrichs von Württemberg
und seiner Gemahlin Prinzessin Barbara Sophie

Herzogin Barbara Sophie (26. 11. 1584 – 23. 2. 1636)
Gemahlin Herzog Johann Friedrichs von
Württemberg, Mutter Herzog Eberhards III.

Herzog Johann Friedrich (5. 5. 1582 – 18. 7. 1628)
Regierungszeit 1608 – 1628
siebter Herzog von Württemberg
Sohn Herzog Friedrichs von Württemberg und seiner Gemahlin Sibylla

Herzogin Sibylla (28. 9. 1564 – 16. 11. 1614)
Gemahlin Herzog Friedrichs I. von Württemberg,
Mutter Herzog Johann Friedrichs

Herzog Friedrich I. (19. 8. 1557 – 29. 1. 1608)
Regierungszeit: 1593 – 1608
sechster Herzog von Württemberg
Sohn des Grafen Georg I. von Württemberg-
Mömpelgard und seiner Gemahlin Barbara

Herzog Ludwig (1. 1. 1554 – 8. 8. 1593)
Regierungszeit: 1568 – 1593)
fünfter Herzog von Württemberg
Sohn Herzog Christophs von Württemberg und
seiner Gemahlin Anna Maria

Herzog Christoph (12. 5. 1515 – 28. 12. 1568)
Regierungszeit: 1550 – 1568
vierter Herzog von Württemberg
Sohn Herzog Ulrichs von Württemberg und seiner
Gemahlin Prinzessin Sabina

Herzog Ulrich (8. 2. 1487 – 6. 11. 1550)
Regierungszeit: 1498 – 1519/1534 – 1550
dritter Herzog von Württemberg
Sohn des Grafen Heinrich von Württemberg
und seiner ersten Gemahlin Elisabeth,

Herzog Eberhard II. / Graf Eberhard VI.
(vermutlich 1. 2. 1447 – 17. 2. 1504)
Regierungszeit als Herzog: 1496 – 1498
zweiter Herzog von Württemberg
Bruder des Grafen Heinrich von Mömpelgard; Sohn
des Grafen Ulrichs V. von Württemberg und seiner
Gemahlin Prinzessin Elisabeth

Graf Georg I. von Mömpelgard
(4. 2. 1498 – 17. 7. 1558)
Sohn des Grafen Heinrich von Württemberg und seiner Gemahlin Eva

Gräfin Eva (um 1468 – 26. 4. 1521)
zweite Gemahlin des Grafen Heinrich von
Mömpelgard, Mutter Georgs I.

Graf Heinrich von Mömpelgard
(nach August 1448 – 15. 4. 1519)
Sohn des Grafen Ulrichs V. des Vielgeliebten von
Württemberg

Herzog Eberhard I. im Bart (11. 12. 1445 – 24. 2. 1496)
Regierungszeit als Herzog: 1495 – 1496
Graf seit 1459
letzter Graf und erster Herzog von Württemberg
Sohn des Grafen Ludwigs I. des Älteren von
Württemberg und seiner Gemahlin Prinzessin
Mechthild

Das Team

Holger Gayer ist 1969 in Bietigheim geboren – und kennt das wenige Kilometer entfernt liegende Ludwigsburger Schloss von Kindesbeinen an. Seit 1993 ist er Redakteur der Stuttgarter Zeitung. Er hat viele Jahre lang von Olympischen Spielen, Fußballwelt- und -europameisterschaften und der Tour de France berichtet, um dann die neu formierte Regionalredaktion mit aufzubauen. Seit 2004 leitet der Vater von drei Kindern und passionierte Hobby-Musiker das Ludwigsburger Büro der Stuttgarter Zeitung. Dabei hat er die alte Liebe zum Schloss neu entdeckt.

Lukas Jenkner, Jahrgang 1971, ist Historiker. Schon von daher begründet sich das Interesse des gebürtigen Aacheners am Ludwigsburger Schloss. Lukas Jenkner hat sich erste journalistische Meriten bei den Westfälischen Nachrichten und bei der Westdeutschen Allgemeinen Zeitung verdient. Nach einer Zwischenstation beim Fernsehen begann er 2001 im Büro Ludwigsburg der Stuttgarter Zeitung, wo er sich seither insbesondere mit kommunalpolitischen Themen befasst – und bei Gelegenheit gerne auch mit historischen Angelegenheiten.

Andreas Weise, Jahrgang 1957, ist freier Fotojournalist und Chef der in Stuttgart ansässigen Fotografengemeinschaft „factum". Seit 1985 arbeitet er für die Stuttgarter Zeitung. Der Vater von vier Kindern hat sich dem aktuellen Bildjournalismus verschrieben und produziert Reportagen für renommierte Magazine. Sein Anspruch: die Neugier auf die etwas andere Perspektive, das Festhalten ungewöhnlicher Momente im Alltag.

Ulrich Krüger wurde 1950 in Ludwigsburg geboren – und seit dieser Zeit lebt er in der Dienstwohnung im Residenzschloss. Hintergrund: Krügers Vater hat das Schloss nach dem Zweiten Weltkrieg verwaltet. Kein Wunder also, dass Krüger den prächtigen Bau und dessen Geschichten so gut kennt wie kein anderer. Und folgerichtig ist er, der inzwischen selbst Vater von zwei Kindern ist, 1972 ganz offiziell in die Fußstapfen seines Vaters getreten – und fungiert seither als Leiter der Schlossverwaltung.

Dirk Steininger, Jahrgang 1962, hat bundesweit für verschiedene Tageszeitungen als Gestalter und Redakteur gearbeitet und ist mehrfach für besondere Layouts ausgezeichnet worden. Seit 2003 ist der gebürtige Heilbronner und Vater von zwei Kindern Art Director der Stuttgarter Zeitung. Die Optik für die „Schlossverführung", die er mit Creative Director Michael Morawietz und Redaktionstechniker Christian Stracke entwickelte, hat ihm manch schlaflose Nacht bereitet – wie einst als Kind der Drache im Blühenden Barock zu Ludwigsburg, der ständig nach „Papier" ruft.

Herzlichen Dank

Das Schloss lebt. Und es sind die Menschen, die Schloss Ludwigsburg zum Leben erwecken: die Menschen, die es unter größter Mühe, oft gepresst von den Herrschern, erbaut haben; die Menschen, die später darin wohnten; die Menschen, die es restauriert und in ein Museum von einzigartiger Schönheit verwandelt haben. Direkt oder indirekt haben viele dieser Menschen ihren Anteil an diesem Buch. Ihnen allen sei aufs Herzlichste gedankt.

Stellvertretend wollen wir, die Autoren, einige Menschen erwähnen, ohne die es diese nun vorliegende Form der „Schlossverführung" nie gegeben hätte:

Peter Christ, der Chefredakteur der Stuttgarter Zeitung, und Robert Harich, der Geschäftsführer der Stuttgarter Zeitung Werbevermarktung GmbH & Co. KG, die das Projekt von Anfang an unterstützt haben;

Achim Wörner, der Leiter der Regionalredaktion der Stuttgarter Zeitung, der uns die Zeit gegeben hat, die notwendig war, um dieses Buch zu gestalten, und darüber hinaus als Ratgeber, Mutmacher und kreativer Kopf gewirkt hat;

die Ludwigsburger Redaktion der Stuttgarter Zeitung, die immer wieder geduldig die Löcher stopfen musste, die wir durch unsere Abwesenheit gerissen haben;

das Archiv der Stuttgarter Zeitung, allen voran Matthias Greiner;

das gesamte Team des Staatsanzeiger-Verlags, insbesondere Dr. Frank Thomas Lang, der ein verlässlicher Partner, konstruktiver Kritiker und hervorragender Lektor gewesen ist;

die Kollegen der Stuttgarter Foto-Agentur factum, allen voran Ulf Pankok, die viele Stunden investiert haben, um den Glanz des Schlosses in Bildern erstrahlen zu lassen;

das Haus Württemberg, das uns die Tür zur Gruft geöffnet hat;

Ministerialrat Jürgen Schad, der im Finanzministerium für die Staatlichen Schlösser in Baden-Württemberg zuständig ist;

die Zofe Christine, die Freifrau von Schwarzenfels, der Kammerdiener Johann, der Leibbüchsenspanner Johann Georg Bechtner und der Baron von Bühler, die in Wahrheit auf die Namen Anne Raquet, Gabriele Begenat, Klaus Wichert, Claus Bittner und Herbert Rommel hören und, Zeitreisenden gleich, ein Leben zwischen den Welten führen;

Volker Kugel, der Direktor des Blühenden Barock, vor allem für die freundliche Überlassung der Schlossgrafik;

Tamara Krüger und Luise Breyer-Aiton, die ganz spontan für das Titelfoto posiert haben;

jene, die bei der fürstlichen Tafel anwesend waren: Oliver Altmann, Martina Appel, Gabriele Begenat, Claus Bittner, Luise Breyer-Aiton, Erwin Butsch, Rudi Dick, Annelies und Hans Goller, Ingrid Götz, Jürgen Hüttel, Florian Hofmann, Gabriela Kappler, Tamara Krüger, Caren Kugele, Karin Oesterle, Doris Pagenkopf, Hans-Jürgen Peterhänsel, Mohammed Sadek, Anneliese und Eberhard Schauer, Christa und Heinz Schell, Sabine Scherer, Lore und Ernst Schmidt, Johann Schreiber, Margret Schwarz, Margit Skrzipietz, Tanja Tuschinski, Heide und Claus Vetter, Leonhard Völlm sowie Klaus Wichert;

das Team des Parkcafés im Blühenden Barock, das für die Speisen und Getränke, die Gestaltung der fürstlichen Tafel und ganz große Teile der Organisation verantwortlich zeichnete. Ein besonders herzlicher Dank geht an den ehemaligen Betriebsleiter des Parkcafés, Reiner Herzog-Schmitt, und an den Küchenchef Ralf Hassel;

Helga Ilg vom Blumenhaus Assenheimer, die den Blumenschmuck und das Arrangement von Früchten bei der fürstlichen Tafel gestaltete;

Andreas Seybold von der Hamburger Fischhalle, von dem das Wildschwein, die Rehe, Fasane und all die anderen Tiere stammten, die nicht nur als Zierde zu einer fürstlichen Tafel gehören;

Sabine Servinho, die Leiterin des Museumsshops im Schloss, die all die wunderbaren Kostüme bereitgestellt hat, ohne die die fürstliche Tafel ebenso nackt geblieben wäre wie das Titelfoto;

der Schlossführer Kurt Huber, der unseren Fotografen Andreas Weise mit großer Geduld betreut hat, und Edmund Banhart, der das Schloss in der Nacht leuchten lässt.

Thomas Aydt, Amt Ludwigsburg, Vermögen und Bau Baden-Württemberg, der sich wie kein Zweiter im Lapidarium des Schlosses auskennt;

alle Mitarbeiter der Schlosswache und der Schlossverwaltung, allen voran Brigitte Rommel und Birgit Strobel, die uns immer unterstützt haben – und waren die Wünsche noch so ausgefallen.

Katja Hartmann von der Firma Hilsenbeck in Reutlingen, die das Layout umgesetzt hat;

der Mops Sultan, der alles mit übermenschlicher Geduld ertragen hat, sowie sein Herrchen Manfred Gräber.